リスクマネジメント

目標達成を支援するマネジメント技術

(社)日本品質管理学会 監修
野口 和彦 著

日本規格協会

JSQC選書
JAPANESE SOCIETY FOR QUALITY CONTROL

8

JSQC 選書刊行特別委員会

(50 音順,敬称略,所属は発行時)

委員長	飯塚　悦功	東京大学大学院工学系研究科
委　員	岩崎日出男	近畿大学理工学部機械工学科
	上野　陽一	財団法人日本規格協会
	圓川　隆夫	東京工業大学大学院社会理工学研究科
	長田　　洋	東京工業大学大学院イノベーションマネジメント研究科
	久保田洋志	広島工業大学工学部機械システム工学科
	瀧沢　幸男	日野自動車株式会社 TQM 推進室 QC・SQC グループ
	中條　武志	中央大学理工学部経営システム工学科
	永田　　靖	早稲田大学創造理工学部経営システム工学科
	宮村　鐡夫	中央大学理工学部経営システム工学科

●執筆者●

野口　和彦　　株式会社三菱総合研究所

用字・用語について

JSQC 選書では,サービス業でも抵抗なく読み進められるように,原則,"品質"ではなく"質"を用います.ただし,"品質立国日本"や"品質表"などの歴史的経過から既に定着したと考えられる用語や固有名詞の場合には"品質"とします.

また,"management" は "マネジメント","control" は "管理" と区別して表記することにしました.そもそも "管理" には広義 (quality management:質を中心にした経営管理活動) と狭義 (quality control:quality management の一部) が考えられます.欧米同様,それぞれ区別して用語を用いたほうが実施事項や実施範囲が明確になり,誤解なく意味が伝わりやすく,また,国際的な場面においても対応容易性が期待できるため,このように記すことにしました.

発刊に寄せて

　日本の国際競争力は，BRICs などの目覚しい発展の中にあって，停滞気味である．また近年，社会の安全・安心を脅かす企業の不祥事や重大事故の多発が大きな社会問題となっている．背景には短期的な業績思考，過度な価格競争によるコスト削減偏重のものづくりやサービスの提供といった経営のあり方や，また，経営者の倫理観の欠如によるところが根底にあろう．

　ものづくりサイドから見れば，商品ライフサイクルの短命化と新製品開発競争，採用技術の高度化・複合化・融合化や，一方で進展する雇用形態の変化等の環境下，それらに対応する技術開発や技術の伝承，そして品質管理のあり方等の問題が顕在化してきていることは確かである．

　日本の国際競争力強化は，ものづくり強化にかかっている．それは，"品質立国"を再生復活させること，すなわち"品質"世界一の日本ブランドを復活させることである．これは市場・経済のグローバル化のもとに，単に現在のグローバル企業だけの課題ではなく，国内型企業にも求められるものであり，またものづくり企業のみならず広義のサービス産業全体にも求められるものである．

　これらの状況を認識し，日本の総合力を最大活用する意味で，産官学連携を強化し，広義の"品質の確保"，"品質の展開"，"品質の創造"及びそのための"人の育成"，"経営システムの革新"が求められる．

"品質の確保"はいうまでもなく，顧客及び社会に約束した質と価値を守り，安全と安心を保証することである．また"品質の展開"は，ものづくり企業で展開し実績のある品質の確保に関する考え方，理論，ツール，マネジメントシステムなどの他産業への展開であり，全産業の国際競争力を底上げするものである．そして"品質の創造"とは，顧客や社会への新しい価値の開発とその提供であり，さらなる国際競争力の強化を図ることである．これらは数年前，(社)日本品質管理学会の会長在任中に策定した中期計画の基本方針でもある．産官学が連携して知恵を出し合い，実践して，新たな価値を作り出していくことが今ほど求められる時代はないと考える．

　ここに，(社)日本品質管理学会が，この趣旨に準じて『JSQC 選書』シリーズを出していく意義は誠に大きい．"品質立国"再構築によって，国際競争力強化を目指す日本全体にとって，『JSQC 選書』シリーズが広くお役立ちできることを期待したい．

2008 年 9 月 1 日

　　　　　　　　　　社団法人経済同友会代表幹事
　　　　　　　　　　株式会社リコー代表取締役会長執行役員
　　　　　　　　　　(元 社団法人日本品質管理学会会長)

　　　　　　　　　　　　　　　　　　桜井　正光

まえがき

　社会が進歩すると，潜在するリスクは大きくなる．逆説的に感じられるかもしれないが，社会が便利になればなるほど，そのシステムが適切に運用されなかった場合の影響は大きくなり，そのリスクが顕在化した際の影響も大きくなる．

　そしてその結果，現代社会では，1回の事故や事件の発生によって，組織経営に致命的な影響が生じるようになってきた．

　このような状況になると，企業経営においてもこれまでのように失敗に学びつつ経営や現場の管理技術を改善していくという仕組みだけでは十分といえなくなってきた．このような経営環境の変化に対応するためには，組織運営における管理技術の改革が必要であり，その手段の一つがリスクマネジメントという管理技術の導入である．

　リスクマネジメントの対象が安全，環境，質といった各分野におけるリスクから，組織の経営全般にわたるリスクに進化した段階で，対象となるリスクにかかわらず組織経営の全体的視点で総合的にリスクを取り扱う（運用管理する）仕組みの構築の必要が出てきた．そして，そのニーズの拡大に応じて，リスクマネジメント自体も大きく変化してきた．

　リスクマネジメントは，多くの分野で活用されてきたが，その多くは好ましくない影響を管理するための手法と認識されてきた．そのため，リスクマネジメントは，質マネジメントや環境マネジメン

トとは別の分野のマネジメント技術と認識され，利用されたとしても，マネジメントの対象事項の好ましくない影響側面を洗い出す際の手法の一部にすぎなかった．

しかし，最新のリスクマネジメントの仕組みを示す国際規格 ISO 31000（Risk management — principles and guidelines）では，リスクマネジメントを経営意思徹底のための仕組みとして位置づけ，定めた経営目標の達成の妨げや不確かさをリスクと認定して最適化を図るマネジメント規格となっている．

このことから，マネジメントを"組織として目的を定め，その目的を達成するという仕組み"と考えると，世にある数多くのマネジメントと ISO 31000 が提唱するリスクマネジメントとの親和性は非常に高いといえる．例えば質マネジメントについていうと，質マネジメントシステム規格である ISO 9001:2008（= JIS Q 9001:2008, Quality management systems — Requirements：品質マネジメントシステム — 要求事項）の序文において，"組織内において，望まれる成果を生み出すために，プロセスを明確に"すると記されていることから，ISO 9001 の適用においても ISO 31000 の考え方が参考となることがわかる．

また，ISO 31000 の提唱するリスクマネジメントは，価値を生み出すために，どこまでのリスクをとるかという，本来リスクマネジメントがもっている機能を明確にしている．

本書は，ISO において検討された最新のリスクマネジメントの考え方を中心に，様々な形態で適用されているリスクマネジメントについて，その本来の機能を明らかにして，リスクマネジメントの

有効活用に資するものである．リスクマネジメントを形式で理解すると，それぞれの分野で用いられるリスクマネジメントは，それぞれが全く別の手法に思えるが，多くのリスクマネジメントには，本来共通している重要な本質がある．そのリスクマネジメントの本質を知ることが，リスクマネジメントの第一歩である．本書は，その本質を明らかにして，リスクマネジメントを体系的に整理したものである．

　本書は7章からなる．第1章では，リスクの定義など，リスクマネジメントの基本を解説する．ここでは，リスクに関連する用語としてよく耳にするであろうハザードの説明とともに，リスクマネジメントと危機，危機管理やBCM（事業継続マネジメント）などとの関係についても説明する．第2章では，リスクマネジメントの必要性や既存の取組みの課題について述べる．第3章では，リスクマネジメントの変遷について，規格策定前の状況や，各国での規格策定状況を説明したうえで，最新のリスクマネジメント国際規格であるISO 31000について概説する．第4章では，ISO 31000に基づく最新のリスクマネジメントの導入方法や要点を述べる．第5章では，第4章で解説したリスクマネジメントをシステムとして構築・運用するためのステップなどを紹介する．第6章では，従来，取り組まれてきたリスクマネジメントの考え方やそのステップを例示しながら述べる．従来型とはいえ，ISO 31000でいう好ましくない影響に関するリスクに対するマネジメント方法の具体的な参考となり得るはずである．最後に第7章では，組織経営の改革と題して，リスクマネジメントを経営に活かす，つまり，リスクマ

ネジメントを経営手法に発展させ運用するためのヒントを記した．

なお，章や節の内容についてその要点があったほうが便利と思われる章や節には，その冒頭に示している．

本書発刊時点において，ISO 31000 はまだ発刊されていない．本書では，限りなく ISO 31000 に近い FDIS（Final Draft International Standard：最終国際規格案）段階の情報を用いた（和訳は筆者訳）．したがって，引用部分における正確なところは，2009 年 12 月に発刊予定の ISO 31000 及び／又は 2010 年に制定予定の対応 JIS（日本工業規格）を参照されたい．なお，本文では，ISO 31000 の本質を説いていることから，FDIS 31000 ではなく，ISO 31000 と一貫して表記している．

リスクマネジメントをこれから学び実践しようと思っている方や，最新情報を網羅したうえでリスクマネジメントの知識整理を行いたい諸兄に対し，本書が少しでも役立つことを願ってやまない．

末筆ながら，これまでリスクマネジメント研究を共にしてきた皆様に感謝いたします．

また，本書に対して貴重なご意見・ご助言を賜りました東京工業大学の圓川隆夫教授に深謝申しあげます．

2009 年 7 月 17 日

野口　和彦

目　　次

発刊に寄せて
まえがき

第 1 章　リスクマネジメントとは何か

1.1　本質理解の重要性 …………………………………………… 13
1.2　リスクとは何か ……………………………………………… 16
1.3　リスクマネジメントの本質 ………………………………… 25
1.4　関連用語 ……………………………………………………… 30

第 2 章　リスクマネジメントが必要となった社会背景と既存手法の課題

2.1　リスクマネジメントが必要となった社会と組織環境の変化 …… 33
2.2　既存手法の課題 ……………………………………………… 37

第 3 章　リスクマネジメントの変遷

3.1　各分野で発達してきたリスクマネジメント ……………… 39
3.2　各国のリスクマネジメント規格の動向 …………………… 40
3.3　最新のリスクマネジメント国際規格（ISO 31000） ……… 42

第4章　最新のリスクマネジメントの導入・実践

4.1　リスクマネジメント導入のための組織環境整備 …………… 47
　4.1.1　経営者が構築すべきリスクマネジメント環境 …………… 48
　4.1.2　構築すべきリスクマネジメント風土 …………………… 52
4.2　リスクマネジメントプロセスの要点
　　　── リスクアセスメントの概要 …………………………… 57
　4.2.1　リスクの特定 ……………………………………………… 58
　4.2.2　リスク分析 ………………………………………………… 70
　4.2.3　リスク評価 ………………………………………………… 76
4.3　リスクマネジメントプロセスの要点
　　　── リスク対応の要点 …………………………………… 84
　4.3.1　リスク対策を考える際の課題 …………………………… 84
　4.3.2　リスク対応の考え方 ……………………………………… 87

第5章　効率的なリスクマネジメントシステムの構築

5.1　マネジメントシステム構築の必要性 ……………………………… 91
5.2　効率的なリスクマネジメントシステム …………………………… 94

第6章　好ましくない影響に対するリスクマネジメントの概要

……… 103

6.1　好ましくない影響を与える重要なリスクとは ………………… 105
6.2　好ましくない影響に対するマネジメントのステップ ……… 109
　6.2.1　リスクの特定 ……………………………………………… 110
　6.2.2　リスク分析 ………………………………………………… 111
　6.2.3　リスク評価 ………………………………………………… 115
　6.2.4　リスク対応 ………………………………………………… 116
6.3　組織を守るリスクマネジメントと危機管理 …………………… 124
6.4　リスクが危機に変わるとき ……………………………………… 125

第7章　組織経営の改革

7.1　経営に必要なリスクマネジメントの視点 …………………… 129
7.2　経営のリスクマネジメント，現場のリスクマネジメント ……… 131
7.3　マネジメントシステムのつなぎ役としてのリスクマネジメント … 143

おわりに ……………………………………………………………… 147

引用・参考文献 ……… 149
索　　引 ……… 150

第1章 リスクマネジメントとは何か

1.1 本質理解の重要性

◉リスクマネジメントの本質を知ることが，リスクマネジメントの第一歩である．

現代社会には，多様なリスクが存在しており，これらのリスクに対応するため，各分野でリスクマネジメントの考え方が導入されてきた．

リスクマネジメントが採用されるまでの社会は，いわゆる経験と結果に基づきマネジメントを改革するという方法を採用してきた．このことは質マネジメントにおいても同様で，質の問題が発生した後で，その再発防止に取り組むということが行われてきた．

この手法は，社会の変化がゆるやかである間は，確かに有効な方法であったが，社会の変化が急激である場合には，変化に追随できないという問題が発生した．また，一度の失敗で致命的な影響を組織に与える事例が発生すると，失敗に学ぶという手法の限界が明らかになり，リスクマネジメントの必要性が大きくなってきた（第2章参照）．

現在リスクマネジメントは，社会的に大きな影響をもたらす災

害・経済問題から，組織経営や事故・不祥事対応まで多くの適用分野をもっている．そしてこれまでのリスクマネジメントは，保険，安全等それぞれの分野で適用され，それぞれの分野の目的に合わせて理解され，手法が確立されてきた．そのため，リスクマネジメントの手法やプロセス，そしてそこに使われる用語，まとめ方も様々であった．

リスクマネジメントはその適用分野によって，求められるものが同じではなく，リスクマネジメントの理解もまた，その分野ごとに異なってきた．原子力分野では，確率論的安全性評価（PSA）を実施することがリスクマネジメントを実施することと理解され，リスクマネジメント手法とは，イベントツリー手法とフォールトツリー手法のこととと理解されてきた．また，医療分野では，ヒヤリハットを中心とした小集団活動がリスクマネジメント活動として実施されてきた．

さらに，多くの分野でリスクマネジメントに携わる人が増えれば，リスクマネジメントの理解も様々となる．リスクマネジメントとは，リスクマトリックスを作成することであると考えている人もいれば，事故があったときに対処することであると考えている人もいる．

したがって，リスクマネジメントを代表的な分析の手法や手順を学ぶというように形で理解していくと，分析や管理の対象にそぐわないリスクマネジメントの方法を採用することになったり，望むような成果が出なかったりすることになる．

リスクマネジメントをある形式として理解しただけでは，リスク

1.1　本質理解の重要性

マネジメントの有効性が発揮できないのは当然のことである．このような状況で活動を続けていると様々な問題点に突き当たる．

例えば，"リスクマネジメントを実施したが事故が少なくならない"，"全社で管理しようとしているリスクと現場の業務が結びつかない"，"リスクマネジメントが業態に合わない"，"リスクマネジメントを何のために行っているか理解できない"，"リスクマネジメントの作業が多く，実施に負荷がかかりすぎる"など，その問題のあり方は様々である．

さらに，リスクマネジメントが，組織のマネジメントの重要な手法として用いられるようになると，既に運用されている質や環境等の側面に着目したマネジメントシステムとの関係を明らかにする必要も出てきた．

リスクマネジメントを理解する際に，まずリスクマネジメントの詳細なステップから入るのではなく，リスクマネジメントの本質"リスクマネジメントとは何か"ということを整理しておくことは，リスクマネジメントを考えるうえで有効なことであろう．

以上の観点から本書では，多くのリスクマネジメント規格の汎用規格である ISO 31000（Risk management — principles and guidelines）の考え方を中心に，リスクマネジメントの本質を明らかにして，組織の規模や適用分野にかかわらず，リスクマネジメントを活用するための要点を整理する．

1.2 リスクとは何か

● リスクとは，目標達成に影響を及ぼす要因であり，不確かさがあることに特徴がある．

(1) これまでのリスクの考え方

リスクに対する概念は，リスクマネジメントの適用が拡大するにつれて，変化してきている．一般的には，リスクとは何らかの危険な影響，好ましくない影響が潜在することと理解されてきた．

これまでのリスクの定義例を以下に示す．

① 米国原子力委員会：リスク＝発生確率×被害の大きさ

② マサチューセッツ工科大学（MIT）：
　　　リスク＝潜在危険性／安全防護対策

③ ハインリッヒの産業災害防止論：
　　　リスク＝潜在危険性が事故となる確率×事故に遭遇する可能性×事故による被害の大きさ

なかでも，①の定義は広く知られており，リスクを好ましくない影響と発生確率の積，すなわち数学的な期待値と理解している人が多い．しかし，リスクマネジメントでは，"①の定義であるリスクの期待値が等しければ，リスクの重要度が同じである"とは定めていない．これは，影響が大きくなれば影響が社会や組織に与える種類も変容し，単純な影響の規模の数学的比例以上の影響を与える場合があり，社会の許容は連続的ではないからである．

これまでリスクマネジメントは，多くの場合，前述のとおり好

ましくない影響をコントロールすることだと理解されてきた．しかし，2002年に発行されたISO/IECガイド73（以下，ガイド73:2002という．）によってリスクの概念は変化した．次にその概要を示す．

(2) 新たなリスクの概念 ── ガイド73のリスクの定義

ISO（国際標準化機構）/IEC（国際電気標準会議）では，多分野で使用されているリスクマネジメントの共通の理解を促進するために，リスクマネジメントの用語の標準化を行い，2002年にISO/IECガイド73として取りまとめられた．さらに，リスクマネジメント規格ISO 31000を策定するに際し，用語規格であるガイド73:2002の見直しが行われ，2009年にISOガイド73（以下，ガイド73:2009という．）として改正される予定である．

これらの規格によれば現在のリスクの概念は，その影響の観点を，安全を阻害する危険性のように好ましくない影響に限定されてはいない．ここではリスクは顕在化した影響として，好ましくない影響と好ましい影響を共に含み，また，期待値から乖離しているものとして定義づけられたのである．その結果リスクマネジメントは，好ましくない影響の管理手法から不確かさを取り扱うマネジメントとして有効性が拡大した．

(a) ガイド73:2002の技術的議論の経緯

ガイド73の規格化を担当するISO/TMB WG on Risk Management Terminologyでの規格草案策定で，リスクマネジメントに関する用語を定義するに際して，次のような考え方を取り決めた．

- 辞書と全く同じ用法で使用するものは含めない．
- 特別な分野にだけ使用する用語は含めない．
- 用語の定義に際し，リスクマネジメントの特定の分野やプロセスを想起させるような表現は用いず，包括的な表現とする．

以上の基本的な考え方に基づき，リスクマネジメントに使用する用語を洗い出し，その定義を行った．

大部分の用語は，WG の専門家の中で共有される概念であり，定義の必要性と定義内容に関しても比較的同意が得られやすかったが，いくつかの用語に関しては異なる意見があり，その採用や定義に関して多くの議論がなされた．

以下に，特に時間をかけて議論した事項を紹介する．

(b) ガイド 73:2002 の考え方

① リスク (risk) の概念

ガイド 73:2002 では，リスクを"事象の発生確率と事象の結果の組合せ"と定義した．

この定義は，リスクが次の二つの性質を含むものであることを示している．

- その事象が顕在化すると，組織等にとって何らかの影響が発生する．
- その事象がいつ顕在化するかについて，発生の不確かさがある．

そして，その備考(NOTE) 1 として"用語'リスク'は，一般に少なくとも好ましくない結果を得る可能性がある場合にだけ使

われる"と記述されている．ここで，リスクの要素である"結果（consequence）"の定義を"事象から生じること"とし，"結果"の定義の備考2には，"結果は好ましいものから，好ましくないものまで変動することがある．しかし，安全の側面では，結果は常に好ましくないものである"と記述された．リスクの一般的考え方では，その結果の不確かさはこれまでの概念と同様であるが，備考2でその結果は好ましいものから好ましくないものまで変動するとしたことによって，リスクが必ずしも危険等の好ましくない影響をもつものだけとは限定されなくなった．ただし，安全においてリスクを考える場合は，従来どおり，好ましくない影響のみを考えることとされた．

② 事象の結果（consequence）の概念

定義作成作業の中で最も大きな議論となったのは，"事象の結果"の概念に好ましくない結果に加えて，好ましい結果も含むか否かという議論であった．

安全分野のリスクを専門とする委員は，リスクはもともと好ましくない結果を対象とするものであり，したがって，好ましい結果もあり得るという考え方には賛同できないという意見が多かった．一方，他の委員の中から，事業を行う場合，好ましい結果が出るか好ましくない結果が出るかは，将来の可能性・不確かさという意味からは，区別できるものではなく，同様に扱うべきであるという意見が出た．

この議論の方向性を定めた考えが，二つ存在した．

一つは，ガイド73:2002が与える用語の定義は，他の規格など

で使用される同じ用語について同一の定義とすることを求めるものではなく，他の規格などで使用される定義がガイド 73:2002 の定義の範囲内にあることを求めている，というものである．したがって，ガイド 73:2002 で，"事象の結果"の定義を好ましくない結果である場合も好ましい結果の場合もあるという備考（NOTE）を作成したが，この備考の意味に矛盾しない以上，"事象の結果"として好ましくない結果だけを対象とする定義があっても問題はないこととなる．

　二つ目は，好ましくない結果の可能性を含まないものは，リスクではないという考えを備考として追加したことである．好ましくない結果だけをもつリスクはあり得ても，好ましい結果しかない場合は，リスクとはいわないということであり，リスクを考えるとき，好ましくない結果の可能性を常に意識するということになる．

　この議論をもう少し詳しく説明する．事象の結果という概念は，リスクを考えるうえでは，あくまでも顕在化する可能性のある結果の概念である．つまり，顕在化が予想される結果であるので，顕在化する以前のリスクという段階の認識においては，その結果の種類や大きさには複数の可能性があるということである．当然その結果が顕在化した状況では，可能性の一つだけが現出することとなる．例えば，ある投資を伴う事業の結果としては，利益が出る場合も損害が出る場合も可能性として存在する．この場合，損をする可能性だけを考えて，損を最小化することだけを目的とすれば，その事業の利益を得る期待値自体も最小化することにもなりかねない．管理の対象としては，利益（好ましい結果）と損失・被害（好ましくな

い結果)を分離して管理できるものと，一体の管理対象として初めて管理が可能となる対象があるということである．このような議論を重ねた後，リスクの要素である"事象の結果"には，好ましくない結果から好ましい結果に至る幅がある場合があるという備考が記されることとなった．

この好ましい，好ましくないという概念には，二つのとらえ方がある．

一つは，文字どおり社会的に好ましい，好ましくないと考えられている価値観によって判断される双方の影響である．もう一つは，期待値からの乖離の方向が，好ましい方向か，好ましくない方向かによって定まる場合である．利益が出てもその数値が期待しているものよりも少なければ，好ましくない結果となる（図1.1参照）．

なお，注意が必要なのは，ここでの議論は好ましい結果（positive consequence），好ましくない結果（negative consequence）という

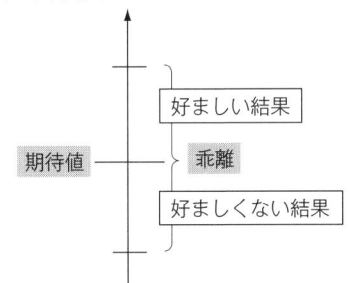

図 1.1　事象の結果に好ましくない結果から好ましい結果がある場合の例

概念のことであり，好ましいリスク（positive risk），好ましくないリスク（negative risk）という概念ではないということである．結果の期待値又は中央値としては，好ましい結果の領域になることも，好ましくない結果の領域になることも想定されるが，リスクを考える場合は，結果の中央値によってリスクの種類が規定されるということではなく，あくまでも，結果の分布がどのような分布をもっているかが，リスクの特性を規定するものであることを認識しておくべきである．したがって，好ましいリスクや好ましくないリスクという表現自体がふさわしくない．

また，備考2に，"ある場合には，リスクは期待した成果，又は事象からの偏差の可能性から生じる"と記述された．一時，この備考の表現が定義文そのものとして認められそうになった．それほど，この表現もリスクの性質を示していると考えられる．

(c) ガイド 73:2009 の考え方

その後，2009年に発行予定のISOガイド73では，さらに検討が加えられ，リスクは，"目的に対する不確かさの影響"と定義され，注記（NOTE）として次の事項が記述される予定である．あわせて，結果の定義及び注記も次に示す．

リスク
目的に対する不確かさの影響．
 注記1 影響とは，期待されていることから，好ましい方向及び／又は好ましくない方向に逸脱することをいう．
 注記2 目的は，例えば財務，安全衛生，環境に関する到達目標など，異なった側面があり，戦略，組織全体，プロジェクト，製品，プロセスなど，異なったレベルで設定され得る．

> 注記3　リスクは，起こり得る事象，結果又はこれらの組合せについて述べることによって，その特徴を記述されることが多い．
> 注記4　リスクは，ある事象（周辺状況の変化を含む．）の結果とその発生の起こりやすさとの組合せによって表現されることが多い．
> 注記5　不確かさとは，事象，その結果又はその起こりやすさに関する情報，理解又は知識が，たとえ部分的にでも欠落している状態をいう．
>
> **結　果**
> 目的に影響を与える事象の結末．
> 注記1　一つの事象が，様々な結果につながることがある．
> 注記2　結果は，確かなことも不確かなこともあり，目的に対して好ましい影響を与えることも好ましくない影響を与えることもある．
> 注記3　結果は，定性的に表現されることも定量的に表現されることもある．
> 注記4　初期の結果が，連鎖によって段階的に増大することがある．

　目的に対する不確かさの影響という概念は，目的の達成に対して，何らかの原因（原因の不確かさ）が，何らかの条件下（起こりやすさや顕在化シナリオの不確かさ）によって起こる何らかの影響（影響の不確かさ）の可能性をリスクとして定義したということである．

　ガイド73:2009の"結果"の注記の中では，ガイド73:2002に記載されていた安全分野への注記はなくなっているが，安全分野において，引き続き従来のリスクの考え方を踏襲しても問題はない．最新のガイド73:2009で，安全への注記を外した背景には，安全

を考慮する際にも，安全という分野だけでの対応では十分な成果が得られず，組織全体のマネジメントの中で正しく位置づけられることを求めていることを示唆している．

ガイド 73:2009 において，リスクを"目的に対する不確かさの影響"と定義したのは，リスクを定めた目的に対して好ましい方向か否かにかかわらず，影響をもたらす可能性があるものと定めたということである．これはつまり，ある目的を達成するためには，好ましくない影響が存在するとわかっていても，好ましくない影響をもつ場合，そのリスクをとることも必要であることを示している．

この概念の変化に対する理解は，重要である．この考えの基本は，影響をもたらす潜在的ポテンシャルは，その方向性までを規定しているわけではないことを示しているからである．爆発の被害をもたらすエネルギー源も，その影響を適切にコントロールすれば，適切な動力源となる．重要なことは，そのエネルギー源のもつ影響をより好ましい方向に導くことである．

このことは，社会や組織において好ましくない影響への対処の重要性を損なうものではない．リスクマネジメント手法自体は，何らかの許容レベルを示すものではない．

リスクの本質は，何がしかの影響があることと，その不確かさにある．特に，リスクマネジメントの必要性と難しさをもたらす原因は，その不確かさにある．

不確かなものを予測し得るのか？　管理し得るのか？　この難しい命題にリスクマネジメントは答えていく必要がある．

1.3 リスクマネジメントの本質

●リスクマネジメントは，価値を創造するものであり，組織のあらゆるプロセスに不可欠なものである．

　リスクマネジメントは，組織内の様々なマネジメントと連携した活動である．さらにいえば，あらゆるマネジメント活動の中にリスクマネジメントの感性をもって望むことが可能であり大切なことである．このことを可能とするためには，リスクマネジメントはリスクマップを作成するものだというように，形で理解しないことである．リスクマネジメントの本質を理解すれば，あらゆる活動の中でリスクマネジメントは活きてくる．

　リスクマネジメントの重要な使命は，リスクを分析することではない．意思決定を行うことである．リスクマネジメントでは，分析情報による合理的な判断を行うことが必要である．リスク分析は，その意思決定を支援するために必要なものなのである．したがって，リスク分析では，意思決定や判断ができるような分析を行わなければならない．しかし，分析された情報はあくまでも意思決定者を支援するものであって，分析データによって自動的に活動の優先順位が定まるわけではない．

　リスクマネジメントを有効で効率的なものにするため，リスクの分析手法の理解にとどまらず，リスクマネジメントのもつ次の本質を正しく理解する必要がある．

(1) リスクマネジメントは，価値を創造する

ISO 31000 では，リスクマネジメントを"価値を創造する"ものととらえている．このことは，これまで（従来型）のリスクマネジメントの考え方と基本的に差異はない．安全分野でのリスクマネジメントも，事故や災害を減少し，企業価値や社会価値を増大させてきたからである．しかし，従来の一般的な認識では，リスクマネジメントは，好ましくない影響を小さくするという視点で考えられていたし，価値の増大というと，利益を大きくしたり新製品を生み出したりというように，好ましい影響を増大させるという視点で語られることが多かった．

ISO 31000 では，好ましい影響の増大も，好ましくない影響の減少も共に，組織の価値を生み出しているということを明確に言及している．これは，リスクマネジメントを考えるうえで大変重要なことであり，リスクの影響について好ましい影響と好ましくない影響の双方を対象としているという概念を支える基盤となる視点である．つまり，好ましい影響と好ましくない影響とのバランスを考えるということは，両者を互いに相反するものととらえるのではなく，価値創造の最大化ととらえることができるということである．

このためには，リスクマネジメントについて，次の事項を理解することが重要である．

① リスクマネジメントは，経営者の責任において実施すべき経営管理業務（マネジメント）である．
② 管理する対象は，起きてしまった事故や不祥事ではなく，これから影響を与える可能性のある"リスク"である．

③ 組織として考えるべきリスクは，組織自体や従業員に影響を与えるリスクと，組織が消費者や社会に対して与える可能性のあるリスクの両方で，どちらも管理しなければならない．

(2) リスクマネジメントの要点

組織の様々なマネジメントの中でリスクマネジメントの特徴といえるのは，不確かさへの対処である．したがって，リスクのもつ不確かさを踏まえたリスク分析を行うことが大切である．定量評価が難しく，経験的に判断する場合も，不確かさによる分散には十分に注意する必要がある．リスクの起こりやすさや影響は，本来は100年に1回とか，10回に1回というようにある一つの数値で表すことは難しく，多くの場合は分布をもったものである．定量的に把握する場合，その中央値で見るか，最大値で見るか，期待値と分散で把握するかは，そのリスク特性や意思決定の方式による．

自然災害のように起こりやすさが数学的分散として把握しにくい場合であっても，年度ごとの発生数の多かった年や少なかった年の事例を参考とすることによって，悲観的又は楽観的な推定は可能であり，起こりやすさを幅をもって見積もることができる．この方法は，起こりやすさの検討において，理論的解析が難しかったり，統計データが不十分なリスクに対しても適用できる考え方である．

リスクマネジメントは，思いつきや思い込みで実施するものではなく，分析から対策まで一貫した視点で実施するものである．また，リスクマネジメントは，リスクが顕在化し実際に好ましくない

影響を与える前,若しくは好ましい影響を得られる機会を逸する前に実施する必要がある.リスクマネジメントの分析手法は失敗の分析にも使用可能であるが,リスクマネジメントの本質は,事前検討にある.したがって,リスク変化の予兆をとらえ,リスクに効率的に対応することで,より効果的なマネジメントを実施することができる.

リスクマネジメントを効果的に実施するためには,その分析が合理的に実施される必要がある.リスクには,統計的な考察が難しい場合や起こりやすさ等のリスクの要素を客観的に検討することが難しいときもある.しかし,そのような場合でも,経験に基づき,可能な限り納得性の高い方法で検討を行うことが必要である.

リスク分析に際しては,その分野の専門家であっても,見解が異なる場合もある.その場合には,リスクの不確かさとしてその見解の差異を考慮に入れることが望ましい.さらには,分析のデータ,手法の特徴や限界を認識することによって,意思決定者に対して,より望ましい情報を提供することができる.

リスクマネジメントは画一的なものではなく,導入する組織の特徴に応じて,柔軟に運用されるものである.リスクマネジメントは,その形にこだわることなく,本質を理解し,組織として運営が可能で効果が出るように設計することができる.組織の規模,組織内の役割構成,責任者の資質によっても,リスクマネジメントの仕組みは,異なってくる.

リスクマネジメントの活用は,その組織の風土が基盤となる.リスク分析のレベルも,その手法を活用する個人の能力による.どの

1.3 リスクマネジメントの本質

程度のリスクマネジメントが可能なのかは，その組織の成熟度にもよる．リスクマネジメントに関しては，あるリスクへの対応がすべての人にとって賛同できるものとは限らないため，組織内のステークホルダの存在にも十分に配慮する必要がある．

リスクマネジメントでは，その意思決定がなぜ行われたかが明らかでなくてはならない．そのためには，決定される意思とその前提となった情報との関係が明らかになっている必要がある．

また，リスクは状況に応じて変化する．したがって，現状のリスクは定期的に見直す必要がある．特に，リスクに変化を与える可能性のある環境が変わった場合には，関係するリスクが変化する可能性を検討する必要がある．

さらに，リスクと同様にリスク評価の基礎となるリスク基準も，社会状況に応じて変化する場合がある．リスク基準とは，組織の諸目標，並びに組織が置かれている内部及び外部の状況に基づき決定されるリスクの重大性を評価するための目安となる諸条件のことである．リスク基準が適切かどうかは，常にステークホルダの価値観の変化に留意しながら検討しておくことが重要である．

リスクマネジメントの理想的な状況を短期的に構築することは難しい．リスクマネジメントは，改善を継続することによって理想的な状況に徐々に近づいていく．換言すれば，最初の段階から完璧な状況を目指す必要はない．最初の段階では，ISO 31000 に述べている状況と比較して，いろいろと課題が出てくるはずである．マネジメントの課題を見極め，一つひとつ改善していくことを継続的改善と呼ぶのである．

1.4 関連用語

リスクマネジメントの本質がわかったところで，好ましくない影響を取り扱うこれまで（従来型）のリスクマネジメントに関連する用語としてよく耳にするであろうハザード，危機，危機管理や，BCM（事業継続マネジメント）などとの違い・関係を説明しておきたい．

(1) リスクの関連用語

ハザード（hazard）は，潜在的リスク要因と呼ばれ，好ましくない影響をもたらす要因として考えられるものであり，従来型のリスクマネジメントでは重要な概念である．ISO 31000 では，リスク源（risk source）という概念を用いている．これは，ハザードという概念が，損失等の好ましくない影響のみに焦点を当てた概念であり，好ましい影響を生み出す概念が含まれていないからである．

ペリル（peril）は，損失を引き起こす事故や事象のことをいう．ISO 31000 で単に事象（event）という．

危機（crisis）とは，顕在化した好ましくない影響の大きなリスク事象のことをいう．

(2) リスクマネジメントの関連用語

リスク管理はリスクマネジメントと同義語として使用される場合が多い．しかし，マネジメントという概念は，単なる管理ではなく経営という概念も含むものであり，可能であればリスクマネジメン

トという用語を用いることが望ましい．

危機管理という概念も，時としてリスクマネジメントと同義的に使用される場合もあったが，本来は事故や危機的な状況が発生した後の対応・管理を指す．危機管理を行うための事前検討も含める場合もあるが，手法的にはその部分はリスクマネジメントに分類される．

だが，リスクマネジメントには，事故や危機的な状況が発生したときの体制やマニュアル整備などが含まれることが少なくなく，一方の危機管理でも，組織によっては危機を発生させない活動を含めている場合もあり，両者の差異は必ずしも明確ではないし，両方の定義の違いを意識して用いられているとは限らない．一般的には，危機管理のうち，準備段階に相当する部分はリスクマネジメントに内在していると理解するとよい．

大規模な自然災害や事故に対して，事業を継続するためのマネジメントを，BCM（Business Continuity Management：事業継続マネジメント）という．これまでは，リスクマネジメントや危機管理として扱われていたこともあったが，危機管理の場合は，人命などに焦点が当てられややもすると事業の継続に関する視点が弱くなるため，事業の継続を主眼に置き検討するものとして BCM が重要視されてきた．同じテーマを含有したものとして，ISO/PAS 22399(Societal security — Guideline for preparedness and operational continuity management)が 2007 年に国際的に発行されており，現在，ISO/PAS 22399 をもとに国際規格化が進められている（発行時期，規格名称などは未定）．ISO 31000 の枠組みに

おいても，マネジメントの目的を大災害時の事業継続とおけば，BCM と同様の対応を行うことができる．

第2章 リスクマネジメントが必要となった社会背景と既存手法の課題

2.1 リスクマネジメントが必要となった社会と組織環境の変化

●失敗に学ぶという姿勢では間に合わない現代のマネジメント

(1) 背　景

リスクマネジメントが様々な分野に導入された背景として，社会や組織においてリスクが増大したことが挙げられる．社会が高度化すると，リスクは大きくなる．このことは，一見不可思議に思われる．社会が高度化するということは，社会が豊かになり，安全になり安心して活動できることととらえられ，リスクは小さくなると考えられるからだ．

しかし，社会が高度化されても，不確定要素は常に存在し，そのことによる影響の変動は起きる．仮に変動の割合は時代にかかわらず一定であるとしても，その社会レベルが上がれば上がるほど，変動幅自体は大きくなる．

変動による影響が社会や組織の許容範囲にとどまっている間は，失敗に学び改善していく方法は有効である．しかし，その影響の大きさが増していけば，いずれその大きさは，社会や組織の許容範囲を超えてしまう．例えば，一度の失敗で会社が倒産したり，一度の

事故で大規模な被害が発生したりすることがそれに当たる．

また，科学技術の発展もリスクが増大した重大な要因である．科学技術は，"優秀な技術が開発され，その技術が多くの技術者に共有されることによって次々と新たな技術が開発される"という本質をもつ．したがって，科学技術による新たな製品やシステムの開発は急激に進歩していく．

しかし，その運用や利用する人の能力は急激には進歩しないため，提供される科学技術システムと運用力のギャップはだんだん大きくなり，そのギャップがリスクを生み出す．しかも科学技術の高度化社会では，リスクの顕在化による影響はより大きい．例えば，エネルギーの集約や新たな科学技術リスクの発生だけでなく，当たり前になった科学技術環境が失われることによって発生する影響の存在も無視できない．現在社会では，1日でも携帯電話やコンピュータが使用できなくなったりすれば，その影響は計り知れない．しかし，50年前を考えてみれば，同様の事態が発生してもほとんど影響はなかったであろう．コンピュータや携帯電話がない状況で社会が運営されてきたからである．豊かになるということは，その豊かさが失われた際に混乱を招くという脆弱性を抱えているのである．

さらには，社会が豊かになると，市民の要求も高くなり，前年と同様の活動を行っていても，満足してもらえない状況が生じ得る．このような状況が，リスクマネジメントの導入を組織に求めている．

(2) 組織を取り巻くリスク

これまでのリスクマネジメントにおいては，まず好ましくない影

響をもたらすリスクが管理の対象となった．

　組織においては，その活動の内容が多様であるように，その組織活動に好ましくない影響をもたらすリスクも多種多様である．組織に潜在する好ましくない影響をもたらすリスクをその性格で整理した例が表 2.1 である．

　表 2.1 からもわかるように，従来型のリスクの概念だけでも，組織に影響を及ぼすリスクは多様であり，限定的なリスク管理では，組織の経営安全は守れない状況になっている．

　また，ガイド 73:2009 や ISO 31000 におけるリスクの概念によれば，組織の多くの経営判断や運営はリスクとして認定されることになる．組織の投資には，利益を出す，新製品を生み出す，質を高める等の好ましい影響をもたらすと同時に，金銭的損失，新たな事故やコストの増大等の好ましくない影響を含むからである．

　一方，ある種の経営判断や投資のように，好ましい影響と好ましくない影響が同じような重みで検討されるリスクばかりとは限らない．表 2.1 に示すような好ましくない影響を主体とするようなリスクもあれば，堅実な投資のように好ましい影響が主体となるリスクもある．しかし，いかなるリスクにも好ましい影響と好ましくない影響の両方が存在することは，認識すべきである．例えば，質をよくする活動にも，製品コストを増加させる可能性があるし，ある質側面をよくする活動が，別の質側面を悪くする可能性をもつものもある．また，ある安全活動のように，リスクの好ましくない側面だけを対象として活動を行う場合もある．

　しかし，あらゆる活動には，組織経営の面から見ると好ましい影

響と好ましくない影響の両方を及ぼす可能性があることを認識して，組織的判断を行うことが重要である．例えば，コスト増を伴わない効率的な質向上活動があったとしても，その活動にかかわる経費や人的資源を他の活動に向ければ，別の領域で好ましい結果を得られる可能性があり，質向上活動に資源を振り分けると判断した時点で，他の領域に対して好ましくない影響を与えることになり得る．

このような観点から，リスクが組織に与える双方の影響を考える

表 2.1　従来型の概念による組織のリスク例

リスク	部　署	リスク項目
社会的リスク	人事・組織	コンプライアンス違反，労働災害，職員犯罪，雇用差別，セクシャルハラスメント，社員誘拐，ヘッドハンティング　など
	社会対応	文化摩擦，特殊取引慣行，組織員からの信頼性低下，社会からの信頼性低下　など
	法　務	知的所有権侵害，独占禁止法違反　など
工学的リスク	製品安全	PL訴訟，製品タンパリング　など
	安全・環境	自然災害，設備事故，環境汚染，社屋防護の失敗　など
	情報管理	情報漏洩，情報遮断　など
経済的リスク	販　売	価格の自由化　など
	金融・財務	為替の不利な変動，経営破綻　など
	物　流	構造改革　など
	製品品質	製品回収，在庫増，コスト増　など

2.2 既存手法の課題

●リスクマネジメント導入に際しては，既存マネジメントの課題を知ることが重要である．

これまで日本企業が行ってきた再発防止という手法は，事故や災害を経験しない限り対応がとれないということが最大の問題点といえる．また，未然防止に力点を置くあまり，事故が発生したときの拡大防止対策が形式的だったり，現場で行っているリスク評価や安全活動にその対策や教育が実際に役に立つかという視点（機能規定）がなかったり，リスクの把握というが，実際には過去起きたことの整理に終始し，新たな事象に対応できないなどの課題がある．

このような新たな社会や経営者からの要求に対応するため，リスクマネジメントという管理技術が導入されてきた．

リスクマネジメントを組織に導入する場合に経営者がなすべきことは，なぜこれまでの管理方法ではいけないのかを考え，社内に示すことである．次に，現状の課題例を記す．

(a) 経営の最適化を図るための手法がない

経営の合理化を実施する場合，設備改善や安全に関するコストを減少しても状況が変わらなければ，そのコストを減らすほうが合理的であるが，そうでなければ，何にどの程度のコスト

をかければ最も経営の最適化が図れるかを経営者は考える必要がある．そのためには，現状のリスクを把握し，そのリスク対策の効果も含め，経営のデータとして活用する必要がある．

(b) リスク対策とそのほかの管理活動が融合していない

作業量とリソースのギャップによってトラブルが発生する場合があるが，発生したトラブルへの対応を安全対策の強化という視点で行い，業務計画を根本から見直さないと，ますます両者間のギャップが広がり，事故が起きやすくなる．事故や不祥事を安全関連部署の課題としてのみ取り扱うのではなく，マネジメント全体の課題として展開する仕組みが必要である．

(c) 現場の問題

現場は経営者に正しい判断をしてもらうための情報を提供すべきであるが，それができていない理由として次が挙げられる．

① 考えて課題を発見しても対策が難しいと思われることは，見ないふりをする傾向にある．

② 未然防止に力点を置くあまり，事故発生時の拡大防止対策が形式的になっている．

③ リスク評価や安全活動を行っていることになっているが，仕様規定の考え方が支配的で，その対策や教育が実際に役に立つかという視点（機能規定）がない．

④ リスクを把握するといいながら，実際は過去起きたことの整理に終始し，新たな事象に対応できない．

⑤ 人間はミスを犯すという基本認識も足りない．

第3章 リスクマネジメントの変遷

3.1 各分野で発達してきたリスクマネジメント

現在用いられているリスクマネジメントには,大きく二つの流れがある.

一つは,保険を含んだファイナンスのリスク管理手法の流れである.これは,そもそもリスクを事業主体者自身への好ましくない影響のコントロールとしてとらえる考え方である.この考え方は,事業において利益を出すということが大前提になっており,好ましくない影響への対策の可否も,総合的な経済原理の中で議論されることとなる.

もう一つは,社会や消費者へのリスクを考える安全等の分野で主として用いられる考え方であり,その事業や活動の好ましい成果にかかわらず,受け入れられる好ましくない影響はある限度があり,技術的限界や経済的制限は考慮するものの可能な限り好ましくない影響は低減すべきであるという考え方に基づく.

これらの考え方は,リスクを把握する際のアプローチにおいても異なる特徴が見受けられる.

工学的合理性を重んじる安全の世界では,客観的に認識できるものとして,まずハザードを取りあげる.前述のとおり,ハザード

は，潜在的リスク要因と呼ばれるもので，好ましくない影響をもたらす根本要因として考えられるものである．例えば，火薬を取り扱う工程があるとすれば，火薬の存在が爆発や火災を引き起こす原因であるためハザードとして認識され，火薬が存在することによって，どのような事象につながる可能性があるかを分析し，その結果明らかとなった影響と起こりやすさの組合せをリスクとして認識するという方法をとる．一方，経営者がリスクを考えるときには，"火災が発生する可能性を検討しておくことはこの事業の成否に大きくかかわる"というように，検討すべきリスクを経営の観点から定め（この考え方及び行為をリスクの特定という．），リスクマネジメントを開始する方法がある．

3.2 各国のリスクマネジメント規格の動向

各分野で発達してきたリスクマネジメントだが，それぞれのリスクマネジメントの内容を整理して標準化し，あらゆる業種に適用可能な汎用規格を要望する声が大きくなってきた．

世界で最初の汎用的リスクマネジメント規格は，オーストラリアとニュージーランドの共同で策定された．

1995年11月，両国の規格協会が連合して開発した"AS/NZS 4360:1995 (Risk management)"がそれに当たる．この規格では，リスクマネジメントを"有害な影響を管理すると同時に，潜在的な好機の実現に向けて導入される文化，プロセス及び構造"と定義している（その後，1999年に改正され"AS/NZS 4360:1999"とな

3.2 各国のリスクマネジメント規格の動向

っている.).

カナダでは,1997年,カナダ規格協会(CSA:Canadian Standards Association)がリスクマネジメントの規格"CAN/CSA-Q 850:1997 (Risk management : Guideline for Decision— Makers)"を発行し,リスクマネジメントを"リスクに関し分析し,評価し,コントロールし,そしてコミュニケーションする業務のマネジメント政策,手続き及び実践の体系的な適用"と定義した.

英国では,2000年に英国規格協会(BSI:British Standards Institution)が,"PD 6668:2000 (Managing Risk for Corporate Governance)"と題する規格を発行した.

日本では,2001年に,リスクマネジメントシステム規格"JIS Q 2001:2001(リスクマネジメントシステム構築のための指針)"が制定されている.この規格では,リスクマネジメントシステムを,リスクに関する戦略的な計画策定,意思決定及び他の過程を含む,リスク管理に関する組織のマネジメントシステムの諸要素であるとしている.

また,国際的には,安全を"受容できないリスクがないこと"とリスクを使用して定義した1990年発行の国際規格ISO/IECガイド51:1999 (= JIS Z 8051:2004, Safety aspects — Guidelines for their inclusion in standards:安全側面—規格への導入指針)をはじめ,各分野において規格化が展開され発行されている.

そして,2009年には,個々の分野のリスクマネジメントを包括する汎用規格として,ISO 31000が開発される予定である.ISOに関しては,次節で述べる.

3.3 最新のリスクマネジメント国際規格（ISO 31000）

(1) ISOによる汎用的リスクマネジメント規格策定の経緯

リスクマネジメントは，社会的に大きな影響をもたらす災害・経済問題から，組織経営や事故・不祥事対応まで，多くの分野に適用されている．これまでのリスクマネジメントは，保険，安全等それぞれの分野で適用されてきたため，それぞれの分野の目的に合わせて理解され，その手法が確立されてきた．しかし，リスクマネジメントが，社会や組織全体のマネジメント手法として使用されるようになると，その用語及びプロセスに関する標準化が求められるようになった．

リスクマネジメントの標準化は，まず用語から始まり，2002年にISO/IECガイド73が発行された．さらに，2005年にはISO内に設置されたグループにおいて，リスクマネジメントの標準化検討が開始され，2009年末にリスクマネジメントの指針規格であるISO 31000が発行予定となっている．また，ISO 31000の検討と並行して，リスクマネジメント用語（ガイド73:2002）の改正も検討され，ISOガイド73:2009*として，ISO 31000と同じ時期に発行される予定である．

なお，ISO 31000及びガイド73:2009は，同じメンバーが同時に議論し，その基本的概念を同じくして作成している．したがって，ISO 31000の用語及び定義は，ガイド73:2009が引用されて

---

* リスクマネジメント用語規格はISO/IECガイド73として2002年に発行されたが，2009年はISOガイド73として改正される．

いる．

ISO 31000 とガイド 73 の WG は次のとおり開催された．
- ・第 1 回会議　2005 年　9 月　東京　規格策定の方針決定
- ・第 2 回会議　2006 年　2 月　シドニー　ガイド 73:2002 の改正を決定
- ・第 3 回会議　2006 年　9 月　ウィーン　国際規格の基本構成を決定
- ・第 4 回会議　2007 年　4 月　オタワ　委員会原案の策定
- ・第 5 回会議　2007 年 12 月　三亜　国際規格原案の検討
- ・第 6 回会議　2008 年 11 月　シンガポール　最終国際規格案の策定

この ISO 31000 によって，リスクマネジメントは，各分野の好ましくない影響の管理手法というレベルから，組織目的を達成する手法として進化した．また，ISO 31000 によって規格化されたリスクマネジメントは，マネジメントの基本枠組みとして経営に当てはめると，経営の意思決定の体系となり，このリスクマネジメントを手段として種々の管理に用いれば，種々の管理の分析技術となるものである．

(2) ISO 31000 の概要

最新のリスクマネジメントは，明確な組織目的を定め，その目的達成に影響を与える要因をリスクとして取り扱うものとして，ISO 31000 に集約・開発されている．この規格は，経営の最適化を目指すリスクマネジメント規格ととらえてよい．

ISO 31000 では，リスクマネジメントを次のように記述している．

- ・価値を創造し，保護するものである．
- ・好ましくない影響を管理するプロセスにとどまらず，組織のあらゆるプロセスにおいて不可欠な部分であり，意思決定の一部である．
- ・組織に合わせて作られ，人的及び文化的要因を考慮に入れることが重要である．
- ・組織の継続的改善を促進するものとして位置づけており，透明性があり，かつ，包括的であり，周辺状況によって変化するリスクに対応することが重要である．

このようなリスクマネジメントを可能とするため，ISO 31000 では，リスクマネジメントをそのプロセスに沿って実施する前に，その環境を整備しリスクマネジメントを有効に働かせる枠組みを構築することを重視している．なぜなら，リスクマネジメントの成功は，リスクマネジメントを組織全体のあらゆる階層に定着させるためのもろもろの基礎及び取決めを提供するマネジメントの枠組みの有効性にかかっていると考えるからである．

(3) ISO 31000 の構造とプロセス

ISO 31000 の構造を図 3.1 に示す．

また，ISO 31000 で示されているリスクマネジメントプロセスを，図 3.2 に示す．本書におけるリスクマネジメントに関する用語及びプロセスは，図 3.1 及び図 3.2 に沿って記述する．

3.3 最新のリスクマネジメント国際規格 (ISO 31000)　45

ISO 31000 のリスクマネジメントプロセスは，次の点において，これまでのリスクマネジメントの考え方との差異がある．

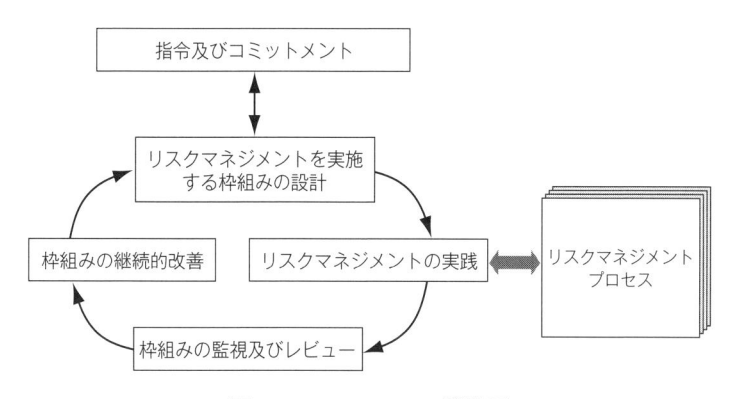

図 3.1 ISO 31000 の構造図

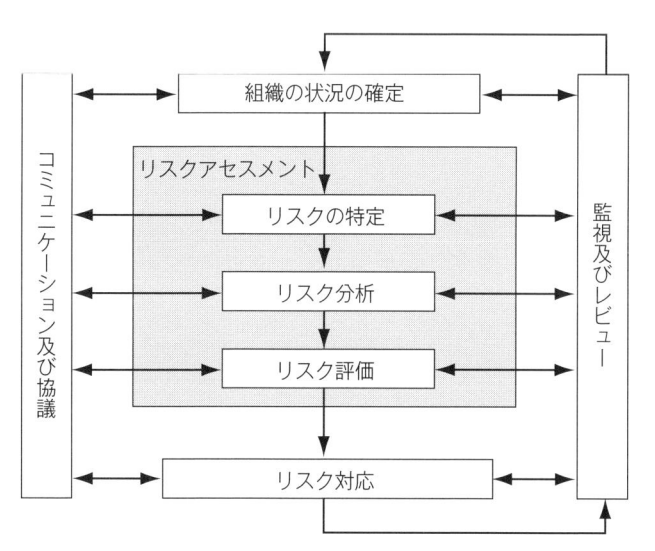

図 3.2 ISO 31000 のリスクマネジメントプロセス

① リスクの影響を好ましくない影響に限定していない

　リスクを"目的に対する不確かさの影響"と定義し，その影響には好ましい影響も好ましくない影響も含まれるとしている．このことは，主として好ましくない影響を取り扱う安全分野においても，設備や活動自体を事故の管理対象としてだけみるのではなく，何がしかのプラスの影響を期待して存在しているものであることを同時に考えることが，組織マネジメントを最適化するためには重要であることを示している．

② リスクを目的達成に影響を与える要素ととらえる

　このことは，目指す組織目的達成に影響を与えるものは何かという視点でリスクを検討することの重要性を示している．

③ リスク分析に先立って，リスクに影響を与える環境を調査することを求めている

　このことは，リスクが状況に応じて変わり得ることを示している．このことを認識すれば，リスク分析は常に最新の環境条件を反映したものが必要であることがわかる．

第4章 最新のリスクマネジメントの導入・実践

4.1 リスクマネジメント導入のための組織環境整備

● リスクマネジメント環境のよし悪しが，リスクマネジメントの有効性を決める．

これまで，リスクマネジメントにおいてまず実施すべきことは，リスクの把握だとされてきた．しかし，現在では，リスクの把握を的確にするためにも，組織における内外環境の把握などといった事前の組織環境の整備が重視されている．

ISO 31000 では，内外環境の例として次のものを挙げている．

① 外部環境の例
  ・国際，国内，地域又は地方を問わず，社会及び文化，政治，法律，規制，金融，技術，経済，自然，並びに競争の環境
  ・組織の目的に対する主要な影響力及び傾向
  ・外部ステークホルダとの関係，並びに外部ステークホルダの認知及び価値観

② 内部環境の例
  ・統治，組織体制，役割及び義務
  ・もろもろの方針，目的及びそれらを達成するために策定され

た戦略
- 資源及び知識という観点から把握される対応力（例：資本，時間，人員，プロセス，システム，技術）
- 内部ステークホルダとの関係，内部ステークホルダの認知及び価値観並びに組織の文化
- 情報システム，情報の流れ，意思決定プロセス（公式及び非公式の双方を含む.）
- 組織が採択した規格，指針，モデル
- 契約関係の様式及び範囲

4.1.1 経営者が構築すべきリスクマネジメント環境

リスクマネジメントは，現場の努力だけで達成されるものではなく，経営者の積極的な関与が欠かせない．本項では，リスク把握の前提となる組織ミッションの明確化，経営方針の明示，リスクマネジメントに必要な資源の確保などといった経営者の実施すべき事項を整理する．

経営者がまず実施すべきことは，組織所掌及び活動公約の明確化である．リスクマネジメントを導入し，有効な活動を継続するためには，リスクマネジメントの前提及び組織の存在基盤としての組織所掌や活動公約を明らかにすべきである．

ISO 31000 では，リスクマネジメントの実施に際して，経営者は次の活動を行う必要があるとしている．

- リスクマネジメント方針を規定し，是認する．
- 組織の文化とリスクマネジメント方針とを整合させる．

- 組織の達成度指標と整合のとれたリスクマネジメントパフォーマンス指標を決定する．
- リスクマネジメントの目的を組織の目的及び戦略と整合させる．
- 法律及び規制を順守することを確実にする．
- 義務及び責任を組織内の適切な階層に割り当てる．
- リスクマネジメントへの必要な資源配分に責任をもつ．
- すべてのステークホルダにリスクマネジメントの便益を伝達する．
- リスクを運用管理するための枠組みが常に適切な状態であり続けることを確実にする．

リスクマネジメントが，組織目的を達成するための手段であるとすれば，組織目的を定めた組織ミッションを明確にして，そのミッションを達成するためのリスクマネジメント方針，その達成度をはかるリスクマネジメント指標を明らかにすることは，重要なことである．リスクマネジメント目標は，他の組織目的と遊離して存在するわけではなく，他の目標と連動してマネジメントを実施していくものである．なお，社会規範としての法規に抵触する方針を定めることが許されないのは，いうまでもない．

また，リスクマネジメントを実施するうえで，必要な資源を用意することは，その実効性を確保するうえでも大切なことである．そして，組織全体でリスクマネジメントを実行するためには，内外のステークホルダにリスクマネジメントの必要性や有効性を説明し，納得をしてもらうことが重要である．

経営者は,リスクマネジメント方針を確立する必要があるが,リスクマネジメント方針にはリスクマネジメントに関する組織の目的及び公約を明確に記述することが望ましく,ISO 31000 によると,通常,次の事項について言及することが期待される.

- リスクを運用管理することに関するその組織における論理的根拠
- 組織の目的及び方針とリスクマネジメント方針とのつながり
- リスクを運用管理するための義務及び責任
- 相反する利害への対処の方法
- リスクを運用管理する義務及び権利をもつ人々を支援するために必要な資源を利用可能にすること
- リスクマネジメントパフォーマンスの測定及び報告の方法
- リスクマネジメントの方針及び枠組みを,定期的に,かつ,事象又は周辺環境の変化に応じてレビューし改善すること

こうして作成したリスクマネジメント方針は,適切に伝達することが望ましい.

リスクマネジメントを実施するうえでは,その責任の所在を明らかにすることが重要である.当然のことながら,リスクマネジメントに関する責任は,様々である.リスクマネジメントの仕組み自体を計画どおりに運営する責任から,一つひとつのリスク分析のレベル確保等に至るまで,リスクマネジメントの各ステップにおいて,各人が自分の責任を果たすことが求められる.そして,組織は,この責任体系を明確に定め,各人に周知させる必要がある.

経営者には,説明を行うことも含むリスクに関する責任,すなわ

ちアカウンタビリティがある．なお，アカウンタビリティは，説明責任と訳されることが多いが，アカウンタビリティという概念は，ただ説明を行えばよいというわけではない．実施すべきことに対してしっかりと責任のある行動をとったうえで，ステークホルダに対する責任をももつということである．

また，リスクマネジメントの実行において，それぞれのステップが十分な能力のもとで実施されていることを検証し，担保していくことを求めている．このことを実現するために，ISO 31000 では，次の事項が重要としている．

- リスクを運用管理する義務及び権限をもつリスク運用管理者を特定すること．
- リスクを運用管理するための枠組みの構築，実践，維持管理に責任をもつ人を特定すること．
- リスクマネジメントプロセスに関して，組織のすべての階層で，人々の上記以外の責任を特定すること．
- パフォーマンスの測定，外部及び／又は内部の報告並びに適切な階層での対応プロセスを確定すること．
- 適切な水準の功労表彰を確実にすること．

組織でリスクマネジメントを徹底させるためには，社員が自ら進んでリスクマネジメントを実施しようという意思をもつことが望ましい．社員にやる気を起こさせるには，自分の業務や組織に対する誇りをもたせることから始めなくてはならない．経営者のリスクマネジメントの第一歩はそこから始まるといってよい．

4.1.2 構築すべきリスクマネジメント風土

リスクマネジメントの活動を行うためには，担当者が考え方を理解するだけではなく，組織としてリスクマネジメントを実施するための組織風土の構築が重要である．そのためには，まず価値の共有化のためのコミュニケーション力の向上が必要となる．コミュニケーションは，リスク分析を実施する前にその組織の価値観や分析に必要な知識を共有するために実施することを含めて，リスクマネジメントを適切に運用するために非常に重要な行為である．

組織は，リスクに対するアカウンタビリティ及び所有を支援及び振興するため，外部だけでなく内部に対するコミュニケーション及び報告の仕組みを確立することが重要である．

リスクマネジメントを組織内で共有するためには，リスクマネジメントを組織においてどのような枠組みで実施するのかを周知徹底し，その枠組みの変更を行った場合にはその変更について速やかに周知することが必要である．そのためには，枠組み，その有効性及び成果に関する適切な内部報告があることも必要となる．

リスクマネジメントで使用する情報は，適切なレベルを保持して適切な時期に用いられなくてはならないが，そのためには，内部ステークホルダとの協議のための様々な仕組みが必要である．そして，様々な情報源からのリスク情報について，その機密性を考慮に入れ，一元管理するプロセスもなければならない．

さらに，組織は，次のように外部ステークホルダともコミュニケーションを図る必要がある．

・外部ステークホルダとのコミュニケーション計画を策定し，

実践する．

- 外部とのコミュニケーションにおいては，適切な外部ステークホルダを参画させ，効果的な情報交換を確実にする．
- 法律，規制及び統治の要求事項を順守した外部報告を行う．
- 必ずステークホルダからのフィードバックが可能なコミュニケーションとし，組織における信頼を醸成するためにコミュニケーションを活用する．
- 通常時だけでなく，危機又は不測の事態発生時にもステークホルダとのコミュニケーションを確実に行う．
- これらの仕組みには，情報の機密性を考慮に入れ，一元的に管理するプロセスを含める．

リスクマネジメントの考え方を，組織活動の多くの場面で適用するためには，リスクマネジメントのもつ本質を理解し，その考え方を多くの活動に活かす人を育成することが重要である．リスクマネジメントを，確率論的手法で分析し，リスクをその影響と確率で表現し，リスクマップを作成し，その対策の必要性を検証することといったような形式でとらえたら，リスクマネジメントの成果を組織活動の継続的な向上に結び付けることは難しい．

次に，リスクマネジメントを活用するために理解が求められる主な視点を整理する．

(a) リスクマネジメントとは，ていねいな経営・運営を行うことである：リスクの存在を認識し，多様で細やかな視点で分析を行う

例えば，安全に関する活動として，事故顕在化シナリオの分析を

考えてみる．多くの場合，事故の発生につながる主なシナリオは経験によって既知のものとなっており，あえてリスク分析を実施する必要はないと考えられる場合も多い．しかし，リスク分析を行う大きな理由の一つには，見落としやすい原因の究明がある．したがってリスク分析では，多様で細やかな視点で事象発生に関するプロセスを分析する必要がある．

このように，安全への配慮を主要な設備，業務，事故シナリオにとどめず，多様で細やかな視点で，必要なチェックを行うことがリスクマネジメントの本質である．

また，リスクマネジメントでは，実施している防護対策や安全活動において失敗する可能性があることを前提とする．したがって，実際の安全活動においても実施すべきことを確実に実施するためのしっかりとした業務確認が重要となる．

このリスク分析の考え方を習慣として行えば，業務の細やかな点にまで配慮を行う組織文化を醸成することができる．すなわちリスクマネジメントによって安全向上を図るということは，個々の業務においてていねいで細やかな運営文化を創ることにほかならない．

(b) リスクマネジメントとは，余裕をもった行動を行うことである：リスクの変化に備える

リスクを管理するためには，リスクの特性をよく理解する必要がある．リスクの特性とは，その不確かさにある．リスクは，環境によって変化するし，環境が定まったとしても，顕在化するか否かは確率的にしか明らかではない．したがって，リスクを管理するということは，その不確かさを前提としてマネジメントを行うこととなる．

4.1 リスクマネジメント導入のための組織環境整備

環境が一意的に設定できれば，その環境下での最適な方法を定めることはできる．しかしその最適な方法は，あくまでもその環境下でという条件があることを前提としなくてはならない．環境が変化すれば，前の環境において定めたことは，最適な手段ではなくなる．時として，その手段を継続することによって，好ましくない大きな影響を与える可能性が発生する場合もある．

したがって，リスクを取り扱おうとする際には，リスクの変化を念頭に置いて準備を行うこととなる．その方針でマネジメントを行うと，ある条件でその状況を見ると余分と考えられる活動があったり，無駄と思われるスケジュールだったりする場合もある．だが，この余裕は，環境の変化に対応するために重要な要件である場合が多い．このことから，リスクマネジメントを実施するということは，余裕をもった運営を行うことにつながるのである．

(c) リスクマネジメントとは，責任をもった活動を行うことである：リスク対策の効果を検証する

リスクマネジメントにおいて，一般的には，リスクを小さくはできるが，回避策を除いて理論的にゼロにはできない．したがって，リスク低減においては，リスクが定性的に小さくなることを見極めるだけでは十分ではなく，どの程度小さくなったかが重要である．

このことを確実にするためには，対策を講じたということでよしとするのではなく，その対策の効果を十分に検討し，対策を講じた後の効果を確認したりするなどの検証が重要である．

また，リスク分析で明らかになった事象に関して，自分の担当外の出来事であるといった理由で，その分析結果を見すごすなどを行

えば，リスク分析の効果は半減する．

リスクマネジメントでは，その対策の成果だけでなく対象とする範囲に関しても責任のある対応をとることが重要である．

以上を確実に行えば，各自が責任のある対応をとれる組織文化が醸成できる．このことはリスクマネジメントが求める成果でもある．

前述のリスクマネジメントのポイントを理解し行動に移すことで，リスクマネジメントを効果的に活用できる風土を築くことができる．このリスクマネジメントを活用できる風土とは，大きく分けて二つの考え方からなる．

① 保有しているリスクを認識し，対応を検討する風土

　この風土を実現することは，次の素養をもつ組織員を育成することでもある．

・リスクの存在を認める強さと謙虚さ

・常に先手をとって対応を考える先見性

・気づいたことに知らないふりをしない責任感

② 経営目標達成の不確かさに向き合う風土

　この風土を実現することは，次の素養をもつ組織員を育成することでもある．

・自部署の利害に拘泥せず，全社目標達成に対して真摯に対応をしていく姿勢・一体感

・リスクは変化するということを認識する知性

・対策の効果を検証していく確実性

・外部にリスクを公表していく開放性

もしかすると，リスクマネジメントの最大の成果は，このような人材を育成することにあるのかもしれない．

4.2 リスクマネジメントプロセスの要点
—— リスクアセスメントの概要

●組織目的達成を支援するリスクマネジメントプロセス

組織目標を達成するためのリスクマネジメントの要点を，リスクアセスメントのプロセスに沿って整理する．

リスクを把握し，その対策の必要性を評価するリスクアセスメントの方法には，専門的な分析技術を必要とするリスク分析理論を用いるものから，各自の経験をまとめる方法まで実に様々である．どのような手法で分析を行うべきかは，一意的に決まらない．だが，ステップは共通している．リスクアセスメントの主たるステップは次のとおりである．

① 組織として対象とするリスクの種類を検討して定める（リスクの特定）
② リスクの種類に応じて分析の方法を定める（リスク分析）
③ リスク分析の結果を評価できるように標準化する（リスク評価）

本節では，なるべく負荷のかからないリスクアセスメント方法を中心にその要点を記す．

まず，組織目的と把握するリスクとの関係を明らかにして，経営

とリスクマネジメントの関係を明らかにする．次に，既存知識の整理にとどまらないリスクの特定の考え方，リスクのもつ好ましい，好ましくない影響の考え方，その算定方法，そしてその評価方法について，その要点を記す．

4.2.1 リスクの特定

リスクマネジメントを行うためには，まず対象となるリスクを特定する必要がある．

リスクの特定とは，分析の対象とするリスクを見つけ出して整理することである．この特定には，リスク源，影響を受ける領域，事象（周辺環境の変化も含む．），並びにそれらの組合せシナリオと起こり得る結果を洗い出すことが含まれる．そして，リスクの特定の過程では，組織の諸目標の達成を実現，促進，妨害，低下，加速，又は遅延するかもしれないもろもろの事象に基づいて，様々なリスクを包括的に把握することが必要となる．その際，小さなトラブルの可能性を考えて大きな利益をもたらす事業を見送り赤字を出してしまうといった，チャンス（機会）を追求しないことに伴う諸リスクを把握することも重要である．

(1) リスクの特定の要点

リスクを特定する際に，気をつけるべきことがある．

まず最初は，特定するとき，同時に対策を考えないことである．我が国ではリスクを考える際に，リスクが存在するとわかった場合には，必ず対策によってリスクを低減する必要があると考える傾向

にある．したがって，リスク低減対策が経費や技術等の面で難しいと思える場合には，リスクの存在を指摘することを躊躇しがちだ．リスク低減対策が可能であるか否かにかかわらず，リスクが潜在する可能性は変わらない．この段階で洗い出されなかったリスクは，その後の分析の対象から外されてしまうため，この段階で見つけるべきリスクから目を背けてはいけない．

次に気をつけるべきことは，リスクの原因や対策の権限等が，自分の部署にあるか否かにかかわらず，リスクは把握をしなければならないということである．リスクは，その顕在化の要因が複数の部門の問題にかかわる場合があり，その影響も多様な方面に影響を及ぼす場合もある．また，対策も複数の部門で実施しなければならない場合がある．このようなリスクに対して，自分の部署だけで原因把握や対策を完結する場合に限り，その特定を行うとすると，多くのリスクは把握できないこととなる．

3番目は，リスクの原因やその顕在化シナリオが明らかではない場合でも，それらのリスクを分析の対象とすることである．不確かな要素が大きくても，リスクがもたらす影響に関しては推定が可能な場合があるからである．

(2) リスクを把握するとは

リスクの把握とは，次のことを把握することをいう．

① 何が起きるか

　　リスク把握の第一は，具体的にどのような事象が発生する可能性があるかを知ることである．具体的な事象として何が発生

するかを知るための分析を実施するには,分析の担当者が対象に対してある程度の専門知識をもっていることが必要である.

② どのような影響があるか

次に必要なことは,発生した事象によってどのような影響が組織にもたらされるかを知ることである.

この知見は,上記①の何が起きるかということと同義ではない.この影響を分析するには,①の専門知識とは別の知見が必要となる.原因分析の専門家は,被害の影響の専門家とは限らないことに注意する必要がある.組織への影響としては,物理的被害は小さくとも,対応が失敗したということで重大な問題になることもあるのである.さらには,対策の実施によって新たに発生するリスクもあることに留意しなくてはならない.

③ どのような確率で起きる可能性があるのか

3番目は,検討している事件・事故が発生する可能性はどれくらいあるのかを知ることである.

④ なぜ起きるのか

検討している事故・事件がどのような原因で発生するのかは,対策を考える際に必要な検討事項である.

(3) リスク分類について

組織として総合的にリスク分析を行おうとする場合は,分類するリスクに重なりや抜けがないように体系的に整理する必要がある.

しかし,これまで各分野で検討されてきたリスクは,経験的に分類されてきたものが多く,必ずしも論理的な整合性をもっていると

は限らない．組織においてリスクを管理しようとする場合は，自分の組織に関連するリスクをどのような方法で分類するかを考える必要がある．これまでのリスク分類を整理してみるのもよい．

現在，よく用いられているリスク分類に基づく，リスクの整理例を次に示す．

① 被害の種類による分類：環境リスク，労働災害リスク
② 業態による分類：商業リスク，銀行リスク，(装置産業リスク)
③ 製品・商品による分類：金融リスク
④ 影響の形態による分類：火災リスク，爆発リスク，建築物倒壊リスク，プラント故障リスク，納期遅れリスク，在庫リスク
⑤ ハザードによる分類：地震リスク，台風リスク，風水害リスク，異常渇水リスク，落雷リスク，危険物リスク，環境汚染物質リスク
⑥ 対処法の種類による分類：戦争／内乱／クーデタによるリスク，経済混乱によるリスク，外貨不足によるリスク，投資リスク，事業リスク，為替リスク，研究開発リスク，カントリーリスク，信用リスク
⑦ 管理部署による分類：安全防災リスク，環境リスク，労働安全リスク，人事リスク，衛生管理リスク，法務リスク，広報リスク，システムリスク，事務リスク

(4) 簡略なリスクの特定の考え方
(a) 好ましい／好ましくない影響の双方を考えたリスクの特定
リスクの特定には，まず組織の目的・目標を明確に定め，組織員

で共有することが重要である．

次に，その目的を達成するための必要要因を整理する．その際に，分析者の担当範囲に限らず全組織経営の視点から必要十分な要因を整理することに注意を要する．そして，それぞれの要因を加速させたり，遅らせたりする可能性を洗い出す．この際に，組織内外の状況に関して把握した事項を分析に活用することが重要である．

この分析を行った後，組織の経営判断，運営，活動ごとに，分析したどの影響に関連するかを考えることによって，リスクを特定することができる．その際，好ましい影響と好ましくない影響は，同じ種類の影響の増減である場合もあるし，異なる種別の影響である場合もある．

前者の典型的な例に，投資に関する判断がある．投資に関する主な影響は，予想よりも利益が増える又は減るという利益に関する双方の可能性が常にある．この場合，たとえある額の利益を得るとしてもその額が目標よりも低ければ，その差額は好ましくない影響として整理されるものである（図 1.1 参照）．

後者としては，例えば，質管理を強化することによって，質が向上して利益が増加したり消費者からの評判が上がるという好ましい影響が考えられると同時に，活動の増加によって社員の労働強化につながったり，資源を質管理に集中することによって他の機会を逸する等の好ましくない影響が発生する場合が挙げられる．このときに注意しなくてはならないのは，このリスク分析を質管理責任者が行えば，質が向上するという好ましい影響に注意を奪われ，他の機会の損失等の質とは直接関係のない影響を見すごしがちなことである．

4.2 リスクマネジメントプロセスの要点—リスクアセスメントの概要　63

(b) 好ましい影響に着目したリスクの特定

リスクの特定においては，好ましい影響に着目した視点もある．従来型のリスクマネジメントは，好ましくない影響に着目しがちであり，なるべく好ましくない影響を小さくすることを主眼とする傾向がある．もちろん，好ましくない影響を小さくすることによって組織の経営はより好ましくなることは間違いない．

しかし，もともとの組織の活動は，好ましい結果を得るために行うものであり，好ましくない影響が小さい場合，そのリスクをとって好ましい影響を増大させる施策をとることも重要である．

ゆえに，好ましい影響を加速させたり，増加させたりする可能性を検討することもリスクの特定には重要なことである．このため，目標への影響を考える際に，好ましくない影響の検討だけに終わらず，好ましい影響に関する考察を十分に行うことも必要である．

例えば，社会貢献活動等において，単なるCSR（企業の社会的責任）報告書に記載するための活動の計画を形式的に作成するのではなく，その効果をより大きくする方策を検討することによって，CSRへの投資をより効果的に行えるように検討をする必要がある．

また，利益を増大させる可能性を検討しておき，組織を取り巻く環境がその状況になったときには追加投資を行うなど，利益を増加させるチャンスを逸しないことが必要である．

(c) 好ましくない影響に着目したリスクの特定

ここでは，それぞれの分野でこれまで実施されてきた，好ましくない影響を主としたリスクの特定の比較的簡便な方法を紹介する．

なお，好ましくない影響を主体としたリスクマネジメントに関し

ては，第6章に取りまとめたので参照されたい．

① **現在関心の高いリスクの検討**
- 現在発生しているトラブルや最近話題になっているトラブルを整理する．
- そのトラブルが自分の組織で顕在化する可能性を検討する．
- 現在明らかになっている被害形態以外の被害が発生する可能性を検討する．

② **現在の業務に潜むリスクの洗い出し**
- 現在，その行動が規則に違反している事項を検討する．
- 規則が現状に合わず，課題がある事項を検討する．
- 改善する必要があると思っているが，できていない事項を検討する．
- よく起きているトラブルを整理する．

③ **その他のリスクの検討事項**

自分の担当には関係ないが，組織としてはリスクだと考えられる事項や，発生した場合に対策がない事項に関しても，自分の業務や対策の可能性等の制限をなくし，検討を行う．

④ **具体的なチェック項目**

上記の方法以外にも，次に示す事項を各自で検討することも有効である．

- 問題に気づいても，既に組織で決まったことであるという理由で，指摘を躊躇していることはないか？
- 問題に気づいても，自分の責任ではないと気づかないふりをしていることはないか？

- 自分の業務で規則に違反している行動はないか？
- 現在実施している事業や業務に関連する事故や事件が他社で発生していないか？
- 業務計画に無理はないか？
- 業務が予定どおりに進行していない場合には，その遅延・障害要因をチェックしているか？
- 計画中の業務で，マスコミや顧客から非難されるようなことはないか？
- 発生し得る最悪の事故や事件はどのようなものであるかを把握しているか？
- 現在クレームを受けている事項はないか？
- 意見を言いにくい（仲の悪い）部署はないか？
- 組織人として倫理規定を順守し行動しているか？
- 部署や組織リスクや対応について，話し合う機会はあるか？

⑤ **業務のインプットやアウトプットを考えてリスクを洗い出す**

図 4.1 のように，業務プロセスをインプット，業務の実施，アウトプットの 3 段階に分けて，次のとおり業務に潜在するリスクを洗い出す．この際，なるべく多様な視点で考えることが重要である．

- インプットとしては，業務に必要なヒト・モノ・カネ・情報等を整理して，その必要なものが手に入らない場合やコストの増減等の可能性とその影響を考える．この際，組織への信頼，社員のやる気など，幅広く検討を行うことが重要である．
- 業務の中で，インプットはそろっても，業務がうまくいかない可能性を考える．

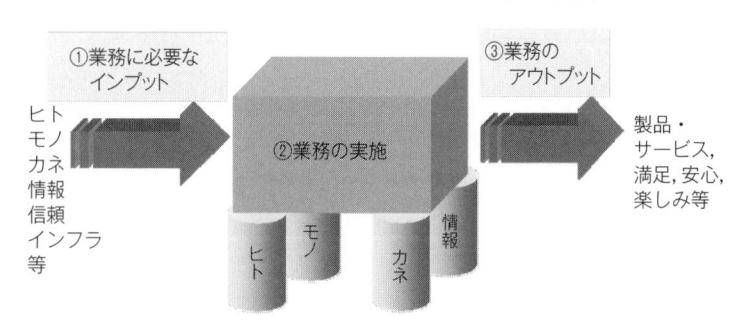

図 4.1　業務プロセスを分解してリスクを洗い出す

・アウトプットとしては，製品・サービスのほかにも，満足，安心等のように組織が提供しようと考えている事柄にまで，与える可能性を検討する．

⑥ **視点を変えてリスクを洗い出す**

同じ事象を見ても，立場によってその影響が大きく異なる場合がある（図 4.2 参照）．例えば，製品に小さな傷を見つけた場合を考えてみよう．製品安全の視点で考える担当者が"安全に影響がない"と判断した場合，リスクは小さいので情報提供の必要性はないと考えることがある．しかし，規則や協定の中で，"傷を見つけた場合には必ず報告すること"と決められていた場合には，報告をしなかったということが組織の信頼を失わせ，その組織の業務に大きな影響を及ぼすことがある．さらに，その組織が公的なサービスを行っている場合には，社会全体が大きな混乱に巻き込まれる可能性さえある．

会社には，"現場のことは現場に聞け"という考え方もあるが，事象によっては，現場にいるから見えないリスクもある．組織とし

組織・システム

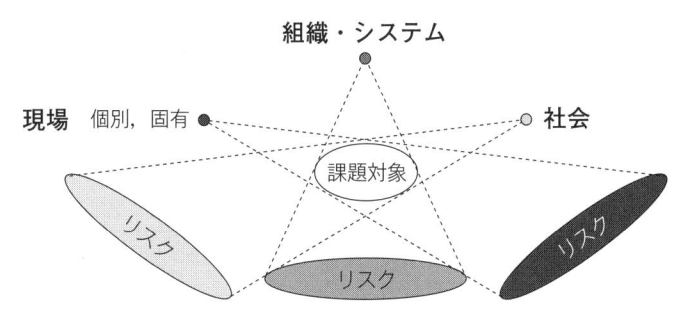

現場 個別，固有 ●‒‒‒‒‒‒‒‒‒‒‒‒‒‒‒‒‒‒‒‒○ **社会**

課題対象

リスク　リスク　リスク

図 4.2 視点を変えてリスクを洗い出す

ては，このような視点の違いによってリスクの重大性のとらえ方に差異があることを認識して，組織内のそれぞれの立場でリスクを検証することが重要である．

⑦ **他の組織のリスク対応に学ぶ**

社会には，様々なリスクが存在する．そして，そのリスクが顕在化して様々な影響を組織や社会にもたらしている．このような状況から，自組織のリスクの存在に気づき，自組織でリスクが顕在化する前に対応を検討し実施すれば，リスクの影響を最適化することができる．そのためには，他の組織で顕在化したリスクの本質を考え，自分の組織に置き換えて検討することが重要である．

⑧ **現状の評価価値体系で問題となるリスクを考える**

検討すべきリスクには，既に社会においてリスクと認知されているリスクがある．そのリスクには，通常運営時のリスク，事故時等の特別な状況で発生するリスクがある．また，評価価値体系の変更によって発生するリスクも存在する．例えば，サービス残業のように，かつては当たり前と認識されていたことも，時代とともに大き

回転扉の事故を見て
・設計の問題
・安全基準の問題
・機能性優先の問題
・組織間の情報連絡の問題
・企業のリスク認識の問題
・事故の兆候の見すごし問題
など

脱線事故を見て
・作業工程に無理はないか
・トラブル情報の共有はできているか
・対策の先送りはしていないか
・信賞必罰の仕組みは有効か
・危機広報の仕方は万全か
・従業員の行動は適切か
・対策の立て方は合理的に可能か
など

図 4.3　人のふり見て我がふり直せ

な問題と認識されることがある．

加えて，実体はなくても，不当な非難や誤解に基づき発生するリスクもある．このようなリスクは，いざ広められるとその風評を否定する根拠の提示が難しい場合もあるので，注意が必要である．

⑨　業務の不確かさを考える

まず業務の基本機能を設定し，設定した基本機能と，実際の機能や目的状態とのずれからリスクを検討する方法がある．方法の一つに，"ガイドワード"を使用するものがある（表 4.1 参照）．

例えば，業務の基本機能として，"広報を行う"を考えた場合，ガイドワードに従って，その原因と発生する事象を検討することに

4.2 リスクマネジメントプロセスの要点―リスクアセスメントの概要　69

表 4.1 ガイドワードの例

番号	ガイドワード	
1	No	するべきことをしない 実現すべき状況を実現できていない
2	Less	実施レベルが低すぎる 実現レベルが過小
3	More	実施レベルが高すぎる 実現レベルが過大
4	Part of	実施領域が限定的すぎる 実現領域が小さすぎる
5	As well as	実施領域を拡大しすぎる 実現領域が大きすぎる
6	Reverse	すべきでないことをする 避けるべき状態を作り出す
7	Other than	不適切な（時点に，箇所で，等） 行う，実現している

なる．"No"から思いつく例としては，広報をしない，広報ができない，が挙げられる．その原因としては，広報を行うべきという認識がない，担当者がいない，広報すべき情報がまとまらない等の状況が想定され，その原因を考えることもできるようになる．

次に，各々の原因から，どのような影響が発生するかを考えることによって，リスクを洗い出すことができる．

なお，本手法では，好ましくない影響だけではなく，好ましい影響も把握することができる．

⑩　シュアティの視点でリスクを洗い出す

シュアティとは，セーフティ（安全），セキュリティ（警備），リライアビリティ（信頼性）を合わせた視点である．

例えば，火災という現象を安全工学の視点で考えると，"火災は，着火源，燃えるもの及び空気の三つが合わさって発生する"となる．したがって，設備においてこの三つが出会う可能性が高い箇所に，検知器や消火設備を設置することで，火災対応ができたと考える．しかし，警備の観点で考えると，放火の場合には，着火源や燃えるものを持ち込む場合もあり，安全の視点では火災が発生しないはずのところからも火災が発生すると考える．したがって，火災という同じ事象に対しても，安全と警備の視点では，リスクの評価や対応の考え方が異なることに注意が必要である．

4.2.2 リスク分析
(1) リスク分析の概念

リスク分析とは，リスク顕在化のシナリオを定性的に分析し，その影響度，起こりやすさを分析する，リスクアセスメントのステップの一つである．

リスク分析は，特定されたリスクの理解を深めることである．リスク分析は，リスク評価を行う際，リスク対応の必要性やリスク対応戦略に対する意思決定のための判断情報を提供するものである．

リスク分析では，リスクの原因，リスクの好ましい結果及び好ましくない結果や起こりやすさに関する検討を行うとともに，結果及び起こりやすさに影響を与える要因を把握する．リスクの原因と結果は必ずしも1対1ではない．一つの事象で複数の結果が起こることもあれば，一つの事象が複数の目標に影響を与えることもある．

(2) リスクの表現と分析の精度

　リスクの表現は，それぞれのリスク分析の目的に合わせて最適な表現方法を選択する必要がある．そして，その表現は，判断するためのリスク基準と整合していることが重要である．また，リスク同士の関係や重要性を比較できるように表現することも求められる．

　リスクは，一般的に，結果と起こりやすさの組合せで表されることが多いが，リスクの種類，判断するための情報の精度等の影響も受ける．リスクは，定性的にも，半定量的にも，定量的にも，若しくはそれらの組合せによっても表現されることがある．また，表現のために複数の数値又はそのリスクの特徴を表した表現方法が必要となることもある．次にその要点を示す．

　リスク分析に求められる精度は，対象とするリスク，分析目的，リスク分析に活用できる資源の状況によっても異なる．

　リスク分析の精度は，意思決定者やステークホルダに伝えることが必要である．その際，専門家間の意見の相違，情報の不確かさや顕在化シナリオのモデル化の限界などについて明らかにしておく必要がある．

　使用するリスク分析の手法は，対象とするリスク，リスクマネジメントの目的，要求される分析の精度等によって異なってよい．

　分析結果は，リスクの顕在化シナリオを論理的にモデル化して求めることもあれば，実験調査又は利用可能なデータから外挿されることもある．

　既存の諸管理策や分析手法との組合せによって，分析の有効性及び効率の向上が期待できることも念頭に，手法を選択すべきである．

(3) リスク事象の影響指標

被害は，社会に対するもの，組織に対するもの，個人に対するものなど様々な視点から考える．それぞれの対象に対しても，生命・健康被害，環境被害，物理的被害，経済的被害，社会的混乱などの多様な形態があり得る．

リスクの物理的な発生事象が組織にどのような影響を与えるかを表す指標を定める必要がある．この指標をどの程度まで考えるかによって，対策の必要性の検討に大きな影響を与えることとなる．

次に指標の例を示す．

①金銭換算，②人的被害，③環境被害，
④生産被害，⑤損害賠償，⑥対策費の増加，
⑦機会損失，⑧人材の損失，⑨社会的信頼性の低下，など

(4) 起こりやすさの求め方

起こりやすさの求め方には，いくつかの方法が存在する．

最も精度を高めようとした場合は，やはり安全理論による解析が最適である．そして対象が比較的よく発生している事象であれば，統計的手法が用いられることもある．また，既知の事象との比較によって，分析者がその経験に基づき，起こりやすさを求める方法もある．

起こりやすさの指標としては，頻度，発生確率，ランク等がある．また，起こりやすさの表現手段である確率と頻度との関係を理解しておくことが重要である．

頻度とは，単位期間当たり何回程度起きる可能性があるかを示す

ものであり，年に2回とか3回とかいう値がその例である．一方，確率で起こりやすさを表す場合，単位期間当たりに必ず発生する場合でその値は1となり，絶対発生しない場合が0となり，発生確率は0～1の間の数値で表現される．そのため，確率の表現において年2回や3回という数値が使われることはない．頻度は，その期間の発生の可能性を期待値として表現するため，1以上の数値が現れる場合もある．1年間に台風が日本に上陸する数等がそれに当たる．起こりやすさが非常に小さい場合，確率と頻度は非常に近い数値となる．

また，発生確率とは，頻度と同じくその事象自体の発生の可能性を表現する項目であるが，種類としては時間確率とディマンド確率が存在する．

時間確率とは，あらかじめ定めた期間（例えば1時間，1年）の中で，事象が発生する確率をいう．時間確率の場合，100年に1回というような表現をする場合があるが，正確には発生確率は0.01/年と表現されるべきものである．

なお，100年ごとに周期的に発生する地震等の事象の発生確率も，同じように100年に1回と表現されるが，その年の地震等の発生確率は，対象とする年が先に発生した年から何年経っているかによって異なってくるので，注意が必要である．

ディマンド確率とは，スイッチを押すなどのような行為を行うときに，機能を喪失する確率であり，10回の行動のうち1回失敗する確率は，0.1/aと表現される．

確率は，最終的な事象の発生確率としても使用されるが，その発

生確率を求めるための，個々の機器の故障率や人間の作業ミスの確率を表現するものとしても使用される．

ランク評価では，起こりやすさについて，大，中，小などの分類がなされる．その他，なるべく客観的な評価をしたい場合には，次の観点で行う場合もある．

　ランク1：現在起きている．

　ランク2：過去に経験したことがある．

　ランク3：自社では経験していないが，日本で起きている．

　ランク4：日本では発生していないが，他国では発生している．

　ランク5：理論上可能性がある．

(5) 種類の異なる影響の算定

リスクの影響の種類が同一分野であれば，リスク同士を同じ指標で比較することができる．影響の種類が異なる場合は，図4.4に示すようにリスクの影響ごとに評価を行い，その影響の種類ごとにその重みを掛け合わせ，総合的に評価することができる．

様々な影響のあるリスク群の影響を金銭によって，一元的に評価できれば，その費用対効果の検討も可能となり，有効なリスク評価手法となる．次にこの手法のステップを記す．

① 評価対象となるリスクについて，評価価値を決定する者（例：経営者，株主，住民）に対して，階層分析法（価値観を階層化し一対比較することで重みを決定する手法）を適用して評価者の価値観を定量化することによって，リスクの重み付けを行う．

② リスクの重みと等価金銭額との関係を効用関数において関連づける（図 4.5 参照）．
③ この関数に規定されたリスクの中で，その影響が主として

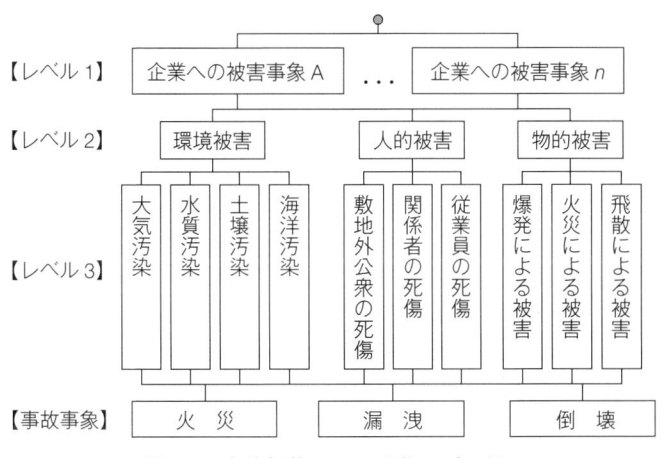

【レベル1】　企業への被害事象 A　…　企業への被害事象 n

【レベル2】　環境被害　　人的被害　　物的被害

【レベル3】　大気汚染／水質汚染／土壌汚染／海洋汚染　　敷地外公衆の死傷／関係者の死傷／従業員の死傷　　爆発による被害／火災による被害／飛散による被害

【事故事象】　火　災　　漏　洩　　倒　壊

図 4.4 金銭価値への一元化モデル例

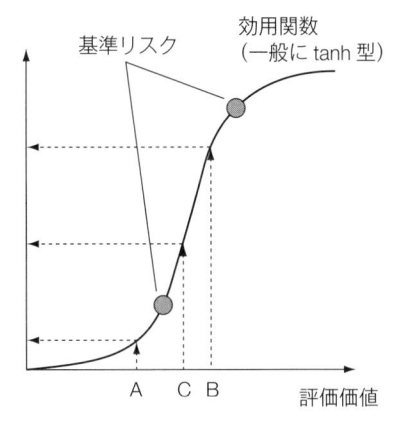

図 4.5 金銭価値への一元化モデル概念

金銭被害のみと考えられるリスクによって，この関数の境界条件を決定する．

④ 決定された関数を用いて，リスクごとの重みから金銭被害を求める（表4.2参照）．

表4.2 金銭価値への一元化モデル概念

事故形態	被害形態の重み(1)	リスク構成要因の重み(2)	評価価値(1)×(2)	金額（図4.5より換算）（単位：万円）
A	0.2	0.01	0.002	100
B	0.1	0.4	0.04	2 000
C	0.2	0.08	0.016	800
基準1	0.1	0.1	0.01	1 000
基準2	0.4	0.2	0.08	4 000

4.2.3 リスク評価

(1) リスクを評価するとは

リスク評価とは，組織が置かれている状況を考慮して設定されたリスク基準と現状リスクを対比して，対応のあり方について検討し，意思決定を行う，リスクアセスメントのステップの一つである．本項では，まずリスクを評価するということの意味を整理する．

リスク評価の主たる目的は，現状のリスクへの対応の方向性を決めるための判断を支援することである．この評価を効果的に実施するためには，次の活動が重要となる．

① 現状のリスク分析の妥当性を検証する．

② リスク基準を作成する．

③ 現状リスクとリスク基準を比較して現状リスクへの対応を検討する．

それぞれ，(2)，(3)，(4)として，以下に詳しく説明する．

(2) 現状のリスク分析の妥当性を検証する

この検討結果によっては，リスク評価の結果を見直すため，さらなる分析を実施するという意思決定が導き出されることもある重要な検討項目である．

現状リスクを分析するためのステップは，次のとおりである．

① リスクの種類は適切か．

② リスクの影響予測で十分な分析はできているか．

③ リスクの起こりやすさの推定は妥当であるか．

まず，分析したリスクの種類に対する妥当性の検証を行うことになるが，このことは，必ずしも網羅的に分析ができているか否かということとは同義ではない．分析を網羅的に実施するということは大変難しく，その必要があるわけでもない．大切なことは，判断を行うために今回分析しようと考えたリスクが十分か否かである．分析するリスクの中には，事故や事件が発生した場合の対応の弱点も含まれる．

また，企業への影響が大きくなった要因として，リスクが顕在化した後の社会に対する不適切な広報，社内の連絡体制や意思決定体制の構築の不備など，対策実施時の実効性の不備が失敗要因であった例も多い．これは，形式的な対応策や組織があっても，その実効性に何らかの問題があるためであり，もともとの対応策立案時のリ

スクの分析や対応策の実効性の検討が不十分であったことが原因である．

次に，リスクの影響に対する分析の妥当性に関して検討する．この判断のためには，分析されているリスクの影響の中にどのような被害や影響まで検討してあるのかを知っておかなくてはならない．それぞれのリスクが顕在化した場合，その影響は多岐にわたる．実はリスク顕在化の影響の大小は，その影響をどの範囲まで検討するかによって大きく異なるのである．ある施設に火災が発生した場合の影響として，例えば次のような影響が考えられる．

① 施設の再建費用
② 施設での生産物の売上げ減少
③ 損害賠償費用
④ 火災報道による組織イメージの低下
⑤ 事故調査費
⑥ 代替の設備切り替えへの費用
⑦ 他の設備の点検費用，設備改善費
⑧ 社員の士気の低下
⑨ 地元対策費の増加　など

これらの影響のうち，どこまでの影響を被害の算定範囲とするかによって，その影響量は大きく異なる．判断者は，リスクの影響量の算定に際してどこまでの範囲を考慮しているかを把握しておく必要がある．

3番目には，発生確率の算定についてである．過去の統計とは異なり，これから発生する可能性を求めることは容易ではない．結論

からいえば,発生確率を求める精度は,最終的に対応の判断ができるレベルであればよい.ただし,適切に判断するためには,後に述べる判断基準との関係もあるが,求めた発生確率自体の精度を把握する必要がある.つまり,求めている確率が一つの数字で表現される場合は,それは確率分布の中央値なのか,それとも統計的な処理なのか,それとも高々いくつという上限値なのかを知っておく必要がある.その差異によっては,同じ数値であっても判断は異なり得る.

また,あるリスクに関して,発生確率が10年に1回より多いか少ないかによって,対策の必要性が異なるとすると,発生確率は10年に1回より多いか少ないかの○×の二択でも有効である.

このように,現状リスクの把握精度に関しても,リスクに対するその組織の評価方法によっても異なるのである.合理的なリスクマネジメントを実施するためには,判断するために必要な情報は何かということを知る必要がある.

最後に,リスクにはもともと不確かさがつきまとうため,現状リスクの把握精度など何かと判断が難しいことをもう一度確認しておく.評価方法についても新たな技術が必要となる.

(3) リスク基準を作成する

リスク評価を実施するためには,リスク基準を定める必要がある.リスク基準とは,主として低減対策を打つべきリスクのレベルを示すことであり,"法律による基準"や"社会的な基準","社内基準"などがある.

基準は,自組織の被害影響に耐え得る力(資本力等)などから決

定するものもあれば，社会や組織においてリスク対応レベルや方法が既に認知されている一般的なリスクの大きさと対比させて決定する場合もある．

リスク基準は，本来，組織として定めるのが原則である．ただし，リスクマネジメントの導入開始時点や導入からまもない時点では，組織としてのリスク基準などは示されていない場合が多い．現場としては，リスクを評価しかねる場合もあるが，ここではリスク分析の結果とともに評価に用いたリスク基準も含めて，リスクアセスメント結果として経営トップに示すことで，今後の自組織基準を定め，土壌作りするように考えるべきである．この際は，算定されたリスクの大きさから組織体力等を考え，当面の基準を設ける場合もあり得る．

また，リスク自体が定量的でない場合は，リスク基準を設けることも困難なことが想定される．その際も，リスクの定性的な影響などから，どのような事態になることを避けたいかを検討し，それらについてリスク評価を下す必要がある．

ISO 31000 が示すリスクに関する評価においては，リスク基準も好ましい影響と好ましくない影響の双方を検討する必要がある．好ましい影響の場合，例えば，ある施策に対するリスク基準として，一定の利益を達成する可能性をある確率以上にする等の設定が必要となる．

現状のリスクへの対応の方向性を決めるための評価を効果的に実施するためには，"意思決定には，組織のリスクに対する姿勢及び設定されているリスク基準が影響を及ぼす"ことを強く意識すると

よい．逆にいえば，組織のもっている目標や経営理念と，リスク基準による判断とが矛盾をしないリスク基準を定めなければならないことになる．意思決定では，リスクのもつ多様な影響を考慮し，法律，規制及びその他の要求事項を満足する必要がある．さらには，他者が負う諸リスクの許容度についての検討も含めなくてはならない．

(a) リスク基準の作成

リスク基準には，次のものが採用される場合が多い．

① 法律・規制　　④ 社会の常識
② 自組織の基準　⑤ 個人の良識
③ 他社の基準

具体的な指標としては，次のものが使用されることが多い．

① 影響の大きさ
② 発生確率
③ リスクの期待値（影響と起こりやすさの積等で表現）
④ シナリオ（構造重要度等で数値化が可能）
⑤ 防護レベル　など

(b) リスク基準の例

ここでは，典型的なリスク基準として，安全目標の例を記す．

安全分野におけるリスク基準は，安全目標のような形式をとって示される場合がある．その際の安全目標は，長期，中期，短期目標に分けて考えることが重要である．

① 長期目標：理想的な状況
② 中期目標：経営と技術を考慮し，実現可能な最大の目標
③ 短期目標：緊急性と費用対効果で対策の順位づけ

リスク基準の作成にあたっては、様々な留意事項がある。まず、法律は必ず満足しなくてはならない。さらに、自分の組織や業界が定めた規則も守るべき基準である。国等の公的機関が定めるリスク基準もある(表4.3参照)。また、同一産業の現状リスク分布を整理し、その最も厳しいレベルを目標とする考え方もある(図6.4参照)。さらには、他のリスクとの比較によって相対的に定める場合もある。

表4.3　公的機関が設定したリスク基準の例

[日本] 環境基本法 大気中におけるベンゼンに対する1年平均値 0.003 mg/m^3 以下 濃度基準の背景:70年暴露の前提のもと、発がんの生涯リスクレベルを 10^{-5} として設定 (cf. がんによる死亡リスク:2.3×10^{-3}/年)	
[英国] HSE (Health and Safety Executive) HSEが勧奨するリスクレベル: 10^{-5}/年 無視できるリスクレベル:10^{-6}/年 [オランダ] 新設プラント:10^{-6}/年 既存プラント:10^{-5}/年	[オーストラリア] 感度高施設(病院,学校等): 5×10^{-7}/年 一般(居住区,ホテル等): 1×10^{-6}/年 商業地(小売業,オフィス等): 5×10^{-6}/年

注:10のマイナス6乗 (10^{-6}) のレベルとは、年齢階級別(5歳刻み)の死亡率を考えた場合、最も低い死亡率(10〜14歳)は 10^{-4}/年であるが、このバックグラウンド値の"1%"を超えないレベルをいう。

　日本における平成20年度死亡率は、厚生労働省調べによると、10〜14歳の子どもが全世代の中で最小であり、10万人に対する死亡率は8.7人である。したがって、日本における最も低い死亡率も、10^{-4} 程度であり、10^{-6} は、十分にリスク基準として機能する。

(4) 現状リスクとリスク基準を比較して現状リスクへの対応を検討する

リスク分析の結果とリスク基準を比較することによって、どのリ

スクに対応が必要か，対応実施の優先順位はどうするかに関して検討を行う．

ここでは，上記(3)に事例として示した安全目標をリスク基準の例として取りあげ，対応の検討方法について記述する．

現状リスクとリスク基準の比較に関しては，リスクのすべての要素を比較するとは限らず，次のような検討方法が考えられる．

① 発生確率

　影響がある規模以上のリスクの対策の必要性の判断に採用される場合が多く，このグループでは発生確率が許容できるレベルで十分に低いか否かで判断される．

② 被害の大きさ（損害額）

　被害の大きさに基づく判断には，二つの場合がある．一つは被害規模が小さく，かつ，リスクが顕在化することによって起こされる影響がある値以下であれば，発生確率の高低には関係なくそのリスクは保有される場合である．二つ目は，被害が大きいリスクへの対応の考え方で，あるレベル以上の被害は，許容できずにハザードの量を制限するとか，使用しない等の対応によって，一定以上の被害が出ないような対応をとる場合である．

③ リスクの期待値

　一般的なリスク判断の指標であり，被害の大きさと発生確率の組合せによって対応を検討する方法である．

④ 防護レベル

　リスクの顕在化や拡大の発見手段及び防止手段の有無，また多様性によって対応を判断する方法である．一般的に，発見手

段及び拡大防止手段に関しては，最低一つは必要とされる．

⑤ 組織としての総合指標で判断

図 4.5 に示すような考え方で，多様なリスクの影響を金額という単一指標に変換したり，各種被害のランクに被害形態ごとの重みを乗じて，総合的に判断する方法である．

このほか安全目標に関しては，他のマネジメント指標への影響も考えあわせると，安全投資による他の施策に対する影響や，安全状況による社会的信頼性の変化，労働環境の改善，規制緩和に伴う自主点検制度認定によるコスト減少などの多くの指標に関する影響も，同時に検討すべきである．

4.3 リスクマネジメントプロセスの要点
── リスク対応の要点

●組織目的達成を支援するリスクマネジメントプロセス

リスク対応に関して，その対策候補の選定や対策の決定方法，対策効果の確認等の要点を整理する．

4.3.1 リスク対策を考える際の課題
（1） 原因分析に基づく対策の必要性

リスク低減が必要な場合，その必要性をいくら議論しても効果的な対策が明らかになるわけではない．原因が明らかにならなければ，効果的な対策は打てない．失敗の原因を分析して，その原因に

対策をとることが重要である．

ここでは，近年特に問題となっているコンプライアンス違反に関する原因分析の事例を示し，その対応を記す．

① 社会的責任に関する知識・意識がない場合

　失敗の行動が，その組織では昔からの慣習となっており，そのため自分の行動に問題があることを認識できなかったり，基本的な知識がないためにその問題を認識できないことなどから，トラブルが生じる場合がある．このようなことが原因であった場合は，知識を教える等の対応をしないと，いくら管理の重要性を強調してもリスクは小さくならない．

② 行動結果に関する問題意識がない場合

　自分の行為が規則に対応しているかといった手順には注意を払うが，その結果には無頓着な場合がある．この場合は，自分の行動がどういう影響を及ぼす可能性があるかを推測し，考えさせなくてはならない．

③ 行動の結果がもたらす影響に関する認識がない又は楽天的である場合

　自分の行動の結果に関して予測はしているがその影響を軽んじたり，事件が起きてもたいしたことにはならないと思ったりといった楽天的な観測が，影響を大きくする場合がある．このような者には，信賞必罰といったけじめのある対応によって，もののよし悪しを認識させる必要がある．

④ 問題行動を起こしても見つからないと思っている場合

　悪いことを実施しても，外部に知られることがないと思い込

んで横着なことを実行してしまう場合がある．このような者には，秘密の隠蔽がいかに難しいことであるかを事例で説明して，納得させる必要がある．

⑤ 問題行動を実行せざるを得ない状況がある場合

組織環境や職場環境，さらには業務目標の達成を考えると，ある行動を実行せざるを得ない場合が存在する．このような場合，業務計画の改訂といった根本的な改善を行わない限り，必ず問題は発生することとなる．

⑥ 行動基準・規則が古く，現実に即していない場合

守るべき行動基準・規則自体が古かったり，現実に即していなかったりする場合がある．この場合は，行動基準・規則を合理的に改訂することが何よりも重要となる．

⑦ 面倒だという意識が原因の場合

知識も技術も存在するが，面倒だとか，意欲がないといったことが原因で，実施すべきことがなされない場合がある．この場合は，実施すべきことの重要性等を納得させなくてはならない．

⑧ 意図的に（やけになって）実施する場合

悪いということを知っていながら，あえて行う場合もある．この場合は，動機が全く別であるので，対策も当然他の要因の場合とは別のものとなる．

(2) リスク対策の比較検討が少ない

リスクを洗い出し，その対応を検討するにあたって，本来は複数

の対策案を検討し，その中から最適な対策を選定することが望ましいが，実際には，対象リスクに対して経験的に対応策を考え，実行に移す場合が多い．このような方法では，リスク対応の必要性検討までにいかに合理的検討を行ったとしても，最後の段階で経験的対応に終わるため，リスクマネジメントの合理性が損なわれるおそれがある．

(3) リスク対応の効果の検証が少ない

対策を実施する場合には，事前にリスクマネジメントプログラムを作成して，それに基づき対策を進めることが必要である．同じ対策であっても，全社一斉に導入するのか，特定部署から開始して全社に展開するのかという計画を明確にして実行に移さなければならない．

そして，対策を評価する際は，対策を実行したということに満足せず，想定した成果が得られているかという視点で評価することが重要である．

4.3.2 リスク対応の考え方

リスク対応では，もろもろのリスクの好ましい影響を増加させ，好ましくない影響を低減したりするための一つ又は複数の選択肢を選び出し，それらの選択肢を実施する．

(1) リスク対応とは

ISO 31000 では，リスク対応の要素を次のように整理している．

① リスクを生じさせる活動を開始又は継続しないと決定することによって，リスクを回避する．
② ある好機を追求するために，そのリスクを取る又は増加させる．
③ リスク源を除去する．
④ 起こりやすさを変える．
⑤ 結果を変える．
⑥ 一つ又は複数の他者とそのリスクを共有する（契約及びリスクファイナンシングを含む．）．
⑦ 情報に基づいた意思決定によって，そのリスクを保有する．

特に"保有"の概念は正しく理解する必要がある．リスク評価の結果，"そのリスクについては，既存の管理策を維持する以外は何の対応もとらない"という意思決定が行われることもある．このように"保有"とは，単に何もしないことではなく，新たな対策は打たないということを積極的に判断することであり，常に監視の対象となっていることを理解する必要がある．

(2) リスク対応の活動

リスク対応では，まず，リスク評価の結果に基づき，決定した対応方針に従って可能性のある対策候補を複数検討する．次に，その対応策の効果等を検討し，残留リスク（リスク対応後に残るリスク）レベルが許容可能か否かの判断を行い，許容可能な対策の中から費用対効果等を考え，最適な対策を選択する．許容できない場合には，新たなリスク対応を検討することも求められる．

次にリスク対応のステップをもう少し詳しく解説する．

① リスク対応策の候補を検討する

　リスク対応策の候補は，必ずしも相互に排他的なものである必要はない．同じような対応策であっても，その効果やコストは異なるため，複数の対策を検討しておくことが重要である．

　数多くの対応策候補を，個別に又は組み合わせて適用することもある．組織は，通常，複数の対応策候補を組み合わせたものを採択することによって，効果的な対応を行うことができる．

② 対応策候補を評価する

　最適なリスク対応策の選定では，法律，規制及び社会的要求などを尊重し，得られる便益と実施費用・労力との均衡をとることが重要である．リスク対応策を選択する際は，内外のステークホルダの価値観を考慮する必要がある．

　意思決定に際しては，費用対効果が悪かったり，組織の利益を損することがあったりしても，重要な社会的要求には優先して応える必要がある．

　さらに，リスク対応の計画では，個々のリスク対応を実施する優先順位を明確に記述しておく必要がある．

③ リスク対応の効果を検討する

　リスクは，そのリスク源が存在している限り，理論的にゼロにすることはできない．したがって，リスク対応を行った際は，その効果がどの程度までリスクを変化させるかを検証しておく必要がある．リスク対応の効果を合理的に評価するためには，リスクの顕在化シナリオ等をきちんと認知しておく必要が

ある.リスク対応を行っても,失敗したり,効果が上がらなかったりすることがあるからである.また,リスク対応自体が別のリスクを派生させることがあることにも注意が必要である.

リスク対応策が継続して効果を上げていることを保証するためには,監視及びリスク対応計画が必要である.

(3) リスク対応計画の作成及び実践

リスク対応計画の目的は,選定した対応策の実行策について文書化することである.対応計画で提示する情報の例を次に示す.

・選択された対応策とその理由
・対応策によって期待される取得便益
・リスク対応計画の責任者
・とられた対応策の成果の検証方法
・対応策に関する報告及び監視に関する要求事項

この対応計画は,組織のマネジメントプロセスに統合され実施されることが重要である.

意思決定者とステークホルダは,リスク対応後の残留リスクについて認識を共有する必要があり,そのためのコミュニケーションを行うことが求められる.残留リスクは,文書に残し,監視及び見直しを行うものである.

第5章 効率的なリスクマネジメントシステムの構築

リスクマネジメントは，個人的にその必要に応じて実施する場合もある．しかし，組織におけるリスクマネジメントは，思いついたときや，一度だけ実施すればよいものではなく，継続的に確実に実施されなくてはならない．リスクマネジメントを継続するためには，組織のマネジメントの仕組みとしてのマネジメントシステムに組み込むべきである．また，組織においてその姿を規定等で明示的に定め，リスクマネジメントシステムを効率的かつ効果的に運用することが期待される．

ISO 31000 は，リスクマネジメントについて規定する国際規格であり，リスクマネジメントシステムについては規定されていない．そこで，本章では，筆者の経験から推奨するリスクマネジメントシステムの構築方法等について述べる．

5.1 マネジメントシステム構築の必要性

● マネジメントの重要な機能は，個人の能力によらず組織的に担保されるべきである．

現在，多くの組織では，既にいくつかの側面にかかるマネジメン

トシステムが導入されており，その運用の大変さを口にする人も少なくない．本節では，なぜ，組織運用にマネジメントシステムの導入が必要かを解説する．

まず，リスクマネジメントは，仲のよい個人同士での"あうん"の呼吸によって，実施されるものではないということを認識すべきである．組織において，重要な機能に関しては，個人の能力や裁量に依存しない形で一定レベルに保持することが必要である．この重要な機能のレベルを一定に保持するためには，部分的に効率が悪くなる場合がある．部分的な効率は，業務担当者の能力によって，その要求を変えるほうが高くなる．しかし，組織の重要な機能に関しては，業務担当者の能力によってその機能レベルの低下をもたらすようなことがあってはならない．

このことを担保するためには，組織内においてリスクマネジメントの仕組みを決め，体系的に実施する必要がある．このためにマネジメントシステムが存在する．経営管理のシステムの一環として，リスクマネジメントに関してもマネジメントシステムとして対応することが重要である．

また，リスクマネジメントは，ある時期だけ特別に実施すればよいわけではなく，継続的に日常的な業務活動の中で実施するものである．その意味でも，リスクマネジメントは，マネジメントシステムとして，組織に導入されることが望ましい．

リスクマネジメントをマネジメントシステムとして導入することによって，リスクが組織に与える好ましくない影響の低減や好ましい影響の増大だけではなく，リソース配分の最適化によるプラスの

5.1 マネジメントシステム構築の必要性

影響なども期待できる．なぜなら，リスクマネジメントシステムの導入によって，業務改善の取組みを全社経営の視点から構築（再構築）することが可能となり，事前に合理的な費用で最適化を図ったり，必要な投資を行えるようになるからである．その結果，危機時に生じる莫大な損失を最小限に抑えることも可能となる．また，リスクマネジメントをマネジメントシステムとして導入することは，社内に分散するリスク情報を経営層が把握し対策を検討する仕組みづくりを行うということでもある．このことから，全社経営の視点から戦略的かつ効率的に予算を配分するシステムを構築することができる．

さらには，リスクマネジメントシステムを導入することによって，発信すべき情報を明らかにでき，その検討過程や判断の透明性を確保しつつ，社会への情報開示の準備をすることができるというメリットもある．

以上をまとめると，リスクマネジメントシステムを構築するメリットは次のとおりである．

① 重要なリスクマネジメント活動において，業務担当者の能力に依存しない仕組みを構築する．
② 継続的改善を可能とする．
③ 全組織的視点でリソースの最適配分を可能とする．
④ ①～③によって，リスク対応の有効性が向上する．

5.2 効率的なリスクマネジメントシステム

●リスクマネジメントシステムを,形で理解しない.

　中小規模の組織にも可能な,ISO 31000 に基づくリスクマネジメント活動の仕組み(リスクマネジメントシステム)を効率的に構築するための方法について述べる.

　中小規模の組織では,リスクマネジメントの必要性は認識するものの,その活動に振り分けられる人や費用が多くは望めない場合が多い.そのため,効率的なリスクマネジメントシステムの構築の考え方が必要になる.中小規模の組織においてリスクマネジメントを実施する際の活動の要点を次に示す.

(1) リスクマネジメントシステムの基本

　リスクマネジメントシステムとは,リスクマネジメントを実施するための組織に構築された仕組みであり,リスクマネジメントに関して次の事項を定める必要がある.

　① リスクマネジメント規定
　② 実施体制
　③ 実施計画

　まず,ここで認識すべきことは,マネジメントシステムとして構築すべき仕組みは,組織規模や対象とするリスクによっても異なるということである.したがって,他社を調べて同様の仕組みを構築する必要はないことを,経営者は認識しなければならない.

(2) リスクマネジメント規定

リスクマネジメント規定は，リスクマネジメントシステムのあり方を定めた規定であり，リスクマネジメントの基本方針，体制や運営に必要な計画をまとめたものである．リスクマネジメントシステムには，この規定が不可欠である．リスクマネジメント規定の主な内容は，次のとおりである．

① 規定の目的
② 用語の定義
③ リスクマネジメント方針
④ リスクマネジメントの運営体制
⑤ リスクマネジメント計画の範囲

　　対象とするリスクの範囲，対象部署，期間，体制等を記述する．

⑥ 各年度の計画の内容

　　その年度に実施するリスク分析，リスク評価，リスクマネジメントの目標，リスク対策の選択及びリスクマネジメントプログラムの策定等を記述する．

(3) リスクマネジメント規定の記述内容

ここでは，リスクマネジメント規定の記述例を示す（*斜体：記述すべき事項の例*）．

---
1. 規定の目的
　この規定は，"リスクマネジメントシステム"に関する体系を明確にするとともに，"リスクマネジメントシステム"の方針，

体制，責任者，実施内容などの基本的項目を定めたものである．

2. 規定の中で用いる定義
リスク：当社の企業活動に潜在する企業活動を脅かす事象で，起こりやすさ（顕在化確率）と起きた場合の被害（結果）の大きさの二つの面から把握される．

3. リスクマネジメント方針
① リスクマネジメントを実施する際の組織の最高方針である．
② 構築されるシステムや実施される活動内容の基本的考え方を示すもの
③ 経営者が自らの考え方を社内外に公表するもの

4. リスクマネジメントの運営体制
① リスクマネジメント委員会の設置とその業務及び構成
・リスクマネジメントシステム委員会の設置とその業務及び構成
・リスクマネジメント運営委員会の設置とその業務及び構成
② リスクマネジメントの実施体制
・対策の実施に関する責任・権限を規定する．この規定に基づいて，既存のマニュアルや手順書を見直ししたり，あるいは新たに作成したりする．
・リスクマネジメントシステムの有効性の評価に関する責任・権限も規定する．リスクマネジメントシステムに基づく活動の実施状況をモニターしたり，そのモニターを通じて得た知見に基づいて改善の提案を行ったりするようにする．
③ リスクマネジメントシステム監査
・リスクマネジメント委員会は，リスク分野に応じて監査を行う部署を指定する．その部署は計画的にリスクマネジメント実施部門の監査を行い，その結果をリスクマネジメント委員会に提出する．監査にあたっては事前に監査項目を定めておく．監査項目は，"実施すべき計画が立てられているか"，"計画が実施されているか"，"計画に基づいた期待どおりの結果が得られているか"とする．
・リスクマネジメントシステム委員会は，システム全体又は共通的なもの，あるいはリスク分野に応じた監査部署が決まっていないものに対して，自ら監査を計画実施する．リスク分

> 野によっては外部機関による監査を立案し計画的に実施する場合もある.
> - リスクマネジメントシステム委員会は，内部及び外部の監査の結果を毎年12月末までに取りまとめ，リスクマネジメント委員会に報告する.
>
> ④ リスクマネジメントシステム文書の作成，記録の保管
> - リスクマネジメントに関する重要な記録（把握されたリスク・分析手法，分析責任者・実行計画・分析結果・リスクマネジメント委員会活動記録・監査記録など）は3年間保管するものとする.
>
> ⑤ マネジメントレビュー
> - リスクマネジメント委員会は，毎年定期的（年度末）に，リスクマネジメントシステム委員会からの監査結果報告等を受けて，リスクマネジメントに関する活動状況をチェックし，必要に応じて計画の変更等の検討をリスクマネジメントシステム委員会及びリスクマネジメント運営委員会に指示する.

(4) リスクマネジメントシステムの導入ステップ

リスクマネジメントシステムの導入ステップを次に示す.

① 経営技術革新に対するトップの意思表明と周知徹底

　組織の経営改革にはリスクマネジメントの導入が必要であることを，経営者の意思として表明する．リスクマネジメントの導入には，関係者すべての協力が必要となるため，リスクマネジメントの導入及び今後の運用にかかる業務は一管理部門の発案ではなく，経営者自身がその必要性を認めたものであることを宣言し周知することは，その後の活動を容易にするためにも重要である．

　周知方法については，次項(5)の(a)を参照されたい．

② マネジメントシステムとして導入することの必要性の表明

上記①と同様に,リスクマネジメントをタスクフォースのように短期的なものとして扱うのではなく,マネジメントシステムとして導入することの必要性を周知する.

③ 初期システム定着化までの導入計画の立案・公表

リスクマネジメントシステムの定着までには数年必要となる場合もあるので,いつまでに,どのレベルまで,どのようなステップを踏んで実施するかを明らかにして,関係者に安心感を与えることが必要である.

④ 重要なリスクマネジメント技術の導入

リスクマネジメントの実施に必要な技術教育計画を立てる.

⑤ 各階層の教育

経営層,中間管理職層,一般職層の研修計画を立てる.

⑥ 組織に大きな影響を与えるリスク,未着手リスク,対応が急がれるリスクの把握

(5) リスクマネジメントシステムの各活動ステップ

リスクマネジメントシステムの姿は,組織の規模等によって様々である.ここでは,中小規模の組織の参考となるように,効率的なリスクマネジメントシステムの運営の要点を記す.

(a) リスクマネジメント方針の表明

① リスクマネジメントの必要性を組織内の関係者に周知

リスクマネジメントの必要性を共有することは,いずれの組織においても重要である.周知の方法には,次のものがある.

5.2 効率的なリスクマネジメントシステム

- 幹部が管理職以上を集め，直接，内容を説明する．
- 社内外の講師による研修会，講演会等を開催する．
- 人事の評価体系の中に，リスクマネジメントへの取組みに関する事項を入れて，社員の関心を高める．
- 社内イントラネット，専用掲示板へのリスクマネジメント実施の進捗状況の掲載や電子メール等を用いた定期的な進捗報告を行う．
- アンケートを実施し，リスクマネジメントに関する理解度合いを部署ごとに集計し，理解度の低い部署や回答率の悪い部署の長には，注意を与える．

② 公式な通達

社長名による文書を作成し社員に方針を示す．

この公式な通達文書に含まれるべき事項を，次に例示する．

- 経営におけるリスク管理活動の重要性
- 経営におけるリスク管理活動の位置づけ
- リスクマネジメント実施の責任者と体制
- 社員の活動内容

（b）リスクの特定・リスク分析

定期的に，検討対象と定めたリスクに関して，各部署での検討内容を報告する．他部署の担当者は，全社の視点からその報告に対する質疑を実施し，組織としての認識を共有する．さらに，翌月に検討すべきリスクを定める．

ヒヤリハットチェック活動や事故事例分析なども，そのような活動の一つと考えてよい．

(c) **リスク評価**

組織の体力に合わせ,低減すべきリスクの優先順位を決める.

＜優先順位の方針例＞

- 組織にとって許容できない影響をもたらすリスクで,今後10年間に発生の可能性があるリスクは,優先順位を高くして低減対策を検討する.
- 上記と同等の影響をもつリスクで,今後100年間に発生の可能性があると考えられるリスクを低減の優先順位第2位とする.
- ここ10年間で,組織が定めるある一定以上の影響をもたらす可能性のあるリスクを低減の優先順位第3位とする.

(d) **リスクマネジメントの目標の設定**

毎年,リスクマネジメントの目標を設定する.

＜リスクマネジメントの目標例＞

- 組織に潜在するリスクの中で,組織が定めるある一定以上の好ましくない影響が想定されるリスクの発生確率を1/1000年以下とする.
- 組織に潜在するリスクの中で,組織が定めるある一定以上の影響が想定されるリスクの発見手段を必ず講じる.
- 許容できないリスクを半減する.

(e) **リスク対策の選択**

今期に使用できるリソースをまず定め,そのリソースの配分という観点で,リスク評価結果に基づき対策を決定する.

＜対策の決定例＞

- 低減の優先順位の高いリスクへの対策の中で，費用対効果の高い対策を優先して採用する．
- 複数のリスクに対して効果のある対策を優先する．

(f) リスクマネジメントプログラムの策定

幹部会でリスクマネジメントに投入するリソースを決定し，その範囲で担当ごとに計画を策定させる．リスクマネジメントプログラムとしては，少なくとも次のようなことを策定する．

- リスクマネジメントに関する年間活動計画を策定する．
- 各活動の開始時期と終了時期を明示する．
- リスクマネジメント活動の主要な活動（リスクの把握，評価，対策の検討等）の時期と責任者は必ず明記する．

(g) 緊急時における対応手順の策定及び準備

会社として重要な影響をもたらすリスクを定め，危機として顕在化した際の対策の優先順位を定め，社員に周知徹底する．

(h) リスクマネジメントのパフォーマンス評価

定期的にリスクマネジメント活動において問題が発生していないか，他の業務に悪影響を及ぼしていないかを検討する．

(6) リスクマネジメントシステムの効率的な導入例

これまで記述してきたリスクマネジメントシステムの導入を効率的に実施するための七つのポイントを次に示す．

① リスクマネジメント方針の策定

リスクマネジメントの重要性を文書に取りまとめて，社員に

示す.

② リスクマネジメントに関する計画策定

　リスクの把握と評価,対策の検討に関し,実施するスケジュールを作成する.

③ リスクマネジメントの実施

　運営規定に則り,リスクマネジメントを実施する.

④ リスクマネジメントのパフォーマンス評価及びリスクマネジメントシステムの有効性評価の実施

　年度末に年間のリスクマネジメント活動の総括を実施する.

⑤ リスクマネジメントシステムに関する是正・改善の実施

　効率の悪かった活動,効果のなかった活動を廃止し,必要と認定された活動を追加する.

⑥ 組織の最高経営者によるレビューの実施

　幹部会で来年度に向けて改善の必要性があるかを検討する.

⑦ リスクマネジメントシステム維持のための体制・仕組みの構築

　幹部会で,定期的にリスクマネジメントシステムの運用状況を検討する.

第6章 好ましくない影響に対するリスクマネジメントの概要

● ISO 31000 は，好ましくない影響のみを扱うリスクマネジメントとしても利用できる．その分野で目的達成にふさわしいリスクマネジメントが存在する場合は，ISO 31000 を直接リスク分析等に適用するよりも，既存のリスクマネジメントを支援する仕組みとして利用可能である．

　ここまでは最新のリスクマネジメントについて記してきたが，ISO 31000 発行前から実施されてきた好ましくない影響を管理する従来型のリスクマネジメントの重要性が少なくなっているわけではない．

　効果的に安全分野等で使用されてきたリスクマネジメントの手法は，各分野でそのリスクにふさわしい仕組みとして開発されている．したがって，その分野で目的達成にふさわしいリスクマネジメントが存在する場合には，ISO 31000 を直接その分野のリスク分析に適用するよりもその手法を用いるほうが効果的な場合が多い．

　その際は，ISO 31000 をそのリスクマネジメント活動を支援する仕組みとして利用し，リスクマネジメント全体の効果を上げることが望ましい．その例としては，組織目的である安全目標が全組織で共有されているか，安全性に影響を与える内外の状況の把握はで

きているか，経営者がリスクマネジメントに必要な資源を投入しているか，利益を優先して安全活動を軽んじていないか等のマネジメントチェックを行うことが挙げられる．マネジメントチェック結果に基づき改善を行うことで，既存のリスクマネジメントの有効性を高めることができる．

また，好ましくない影響を主体としたリスクマネジメントも，リスクマネジメントの一つであることに違いなく，組織目的を"好ましくない影響を一定のレベルに抑え込むこと"と設定すれば，そのまま ISO 31000 で示されるリスクマネジメントの仕組みで運営することができる．

しかし，これまでリスクマネジメントと連携して組織を守ってきた"危機管理"との関係は，好ましい影響を含むリスクマネジメントと連携しては説明が難しい．

本章は，安全，セキュリティといった好ましくない影響の減少を主として実施してきたリスクマネジメントの視点で，リスクマネジメントの考え方を整理する．

この好ましくない影響を主体としたリスクマネジメントの多くは，第4章で記したリスクマネジメントの考え方と変わりのない部分も多い．特に第4章で記した好ましくない影響に関する分析，評価，対応等は，そのまま第6章でも使用可能である．このことは，やはりリスクの定義が変化しても，好ましくない影響の管理が重要であることを示している．第4章の内容を理解したうえで，本章を読んでいただければ，好ましくない影響のみを考えた場合でも ISO 31000 が有効な規格であることを理解してもらえるはずである．

6.1 好ましくない影響を与える重要なリスクとは

●組織がその活動を継続的に実施するためには，経済的利益を確保するだけではなく，大きな自然災害や事故への対応を行うとともに，社会的信頼性を失墜するようなリスクに対して，事前に十分な検討と対応を行うことが必要である．

組織における好ましくない影響の管理は，組織の存続にかかわる重要な問題である．本節では，経営者が組織の存続の維持を図るうえで，重要なものとなる可能性が高いリスクを見分ける視点を紹介する．

(1) その活動を実施していることが外部に明らかになった場合
組織活動に大きな影響を与える可能性のある活動をチェック

① 規則に違反している行為

必ずしも現状に合わない規則も存在するが，これまでの慣習によって見逃していると大きな悔いを残す．

- 現在，行動が規則に違反している事項を検討する．
- 規則が現状に合わず，課題がある事項を検討する．
- 改善する必要があると思っているが，できていない事項を検討する．
- よく起きているトラブルを整理する．

② 社会的慣習に違反している行為

法的には明確な違反行為でなくても，社会良識の観点から非難を浴びるような行動はチェックしておく必要がある．

(2) 組織の基本機能に障害を与えるようなトラブルをチェック

① 素材や部品の入手が困難になるような事態はないか．

② 製品やサービスが提供できなくなる事態はないか．

③ 最近は情報システムの影響が，全経営に及ぶ場合がある．そういった事態が起きるようなことはないか［後述(4)の⑨参照］．

(3) 消費者や近隣住民に大きな被害を与える可能性のある事故やトラブルをチェック

これまで組織は，リスク対応といえば自分が被害者となることを前提としていた．しかし，組織は加害者となることもあるため，十分注意を行うべきである．

① 敷地外へ影響を及ぼす可能性のある事故（火災の影響：火災の進展以外にも黒煙や臭い等の影響に注意，爆発，有害物質の漏洩等）

② 通常活動の中で，近隣に悪影響を与える活動（土壌汚染や大気汚染，水質汚染をもたらす活動等）

(4) その他のチェック事項

① 大規模な被害に遭うような状況（大規模地震への遭遇等）

② 対応が複数の部署間にまたがる場合の問題

危機時の対応がうまくいかない場合の要点としても，対応が複数の部署間にまたがることが原因となる場合がある．

③ 心身ストレス，眼精疲労等も含んだ労働災害発生と対応軽視による問題

労働災害は，これまでは主に二次産業において問題となっ

てきたリスクであるが，近年では三次産業にまで，大きな課題となってきている．

しかし，いまだに個人の健康管理の問題として扱われるケースがほとんどであり，組織の労働環境の本質的問題として管理するシステムが整っている組織は少なく，社員の士気の維持・高揚に対する対応の検討も不十分である．

④ 社員犯罪に関するリスク

社員犯罪で最も多いものは，不正経理操作等による金銭的問題が多かったが，最近は前項にも述べたように情報の持ち出し，流用に関する被害も多くなっている．厳密な意味では，犯罪とは定義できないケースもあるが，社員が競合会社に移籍する時点での機密の流出も大きな問題となってきている．社員による犯罪は，その被害が直接自組織に及ばなくても，その組織イメージを大きく傷つけるものであり，注意を要する．

⑤ 雇用差別，セクシャルハラスメント（セクハラ）のリスク

外国人や女性の雇用・昇進差別やセクハラは，今後これまで以上に大きく糾弾されることとなるため，建て前だけではなく具体的な実行策を検討すべきである．セクハラの訴訟により，200万ドルの損失となったケースも海外の事例では存在し，我が国の企業でも訴訟となっている事例は多い．

女性差別の問題は，雇用・昇進問題としても大きく取りあげられるケースが多くなってきており，建て前的な対処では今後対応が困難になってこよう．

さらに，人種差別の問題は，国内ではまだ表面化する事件は少ないが，今後の社会の国際化や海外への事業進出の機会が増加するに従って，大きな問題となり得る．

⑥ 特殊慣行に関するリスク

談合や証券の損失補填など，これまで慣行として比較的許容されていた企業行動も，糾弾が厳しくなってきている．

この問題は，これまでの日本社会における常識・価値観の変化を伴う問題であり，対処が遅れる場合が多くなりがちである．組織で内部改革を行うには，トップの強固な意思の表明が必須である．

⑦ 関連会社の問題の波及

環境問題や他の不祥事に関して，関連会社が起こした事件であってもその影響が親会社にも及ぶ場合が多いが，関連会社を含めたグループとしての危機管理が行われていないことが多い．

⑧ テロリズム・誘拐等への対応不足

我が国でも誘拐や襲撃がまれではなくなってきているが，組織の対応は進展していない．

⑨ 社内情報・顧客情報の管理不足による問題

特に，個人情報の漏洩に関しては要注意である．

6.2 好ましくない影響に対するマネジメントのステップ

● **好ましくない影響に対するリスクマネジメントのステップも ISO 31000 のプロセスと同様である．差異は，その組織目的を好ましくない影響を一定のレベルに抑え込むことに限定することである．**

組織で導入すべきリスクマネジメントの各ステップの概略を記す．リスクマネジメントのステップ自体は，ISO 31000 が提示するステップと変わりはない．

① **リスクの特定**：自分の組織で守りたいものを明確にして，その価値を脅かすリスクを認識する．この段階は，現場からリスクとして報告される場合もあるが，経営者が重要なリスクとして認識したリスクを社員に提示することも必要である．

② **リスク分析**：リスク分析のレベルは，経営者が現状のリスクへの対応の必要性を判断できるレベルであれば十分であり，必要以上に精度を求める必要はない．

③ **リスク評価**：現状リスクに関して，低減すべきリスク，保有すべきリスク，保険等に移転するリスク又は回避すべきリスクを判断する．

④ **リスク対応**：リスク対応の優先順位に従いリスク対策を実施し，その成果を確認する．

6.2.1 リスクの特定

 好ましくない影響をもたらす可能性のあるリスクの特定方法には，主として二つの方法がある．

 まず一つは，ハザード（潜在的危険要因）を特定して，リスクへの進展を考える方法である．これは，主として安全担当者等の専門家が用いる手法である．専門的な知見を用いて，リスクのもととなるハザードを特定し，そのハザードがリスクへと顕在化する可能性について，防護機能の失敗の可能性などを勘案しながら検討していく．したがって，どのようなリスクが発見できるかは分析して初めてわかるという方法である．

 もう一つは，分析すべきリスクを最初に特定して，そのリスクが顕在化するシナリオを分析する方法である．最初にどのようなリスクを特定するかについては，いくつかの方法が存在する．

 まず，責任者がその意思として特定する方法である．この場合は，責任者は安全以外の様々な条件を考え合わせ，現在最も発生させたくないと考えるリスクを特定することとなる．次に考えられるのが，事故分析のように既に顕在化している事象の原因追究において，分析すべきリスクが決定される場合である．

 3番目は，安全目標を定め，リスクをその目的達成の阻害要因として定める方法である．4番目は，経験等に基づき特定すべきリスクを定める方法である．その一つには，他の事故事例等を参考に自組織で分析すべきリスクを特定したり，規則に違反する可能性を重要なリスクと認識して特定したりする方法がある．

6.2.2 リスク分析

(1) リスク分析の視点

リスク分析に際しては,専門家の視点だけではなく,分析しようとするリスクが組織や社会にもたらす可能性と安全目標などの組織目標との関係を考慮し,目的に即した分析手法を使用することが必要である.分析に際して,社会や組織環境の変化に応じてリスクの変化をとらえられる最新の情報を用いることが重要である.設備の運転体制が変化すれば,リスクの影響や起こりやすさも変化する.組織として低減対策や危機管理対象としての検討の必要性を判断できれば,分析の手法や精度にこだわる必要はない.ただし,その判断の根拠となるための検討の過程は合理的でほかにも説明がつくことが必要である.また,リスクマネジメントシステムとして,実際に展開する場合には,検討されるリスク情報の表現を統一し,相対比較を可能とすることも求められる.

また,リスク分析に際しては,リスクを見逃す風土の存在に十分気をつける必要がある.例えば,リスクの発見を妨げる担当者の意識としては,次のものがある.

① あるべき,あるはずという観念論
② 起きたことがない,過去は大丈夫だったという経験論
　　専門家の中には,これまで発生したトラブルに対応してきた経験から,リスクという理論上の検討を重要視しない場合もある.経験と責任がリスクマネジメントを不完全にする場合もある.
③ そこまで考えたら何もできないという対策現実論

問題を発見すればその問題は解決しなければならないと考える人たちの中には，リスク低減対策が見当たらない場合は，リスクの存在を考えても意味がないと考えがちである．

④ 指示されたことだけを実施する，又は課題を指摘すると作業が増えることを嫌う現状安寧論
⑤ 自分の役目ではない，又は自分だけでは解決できないことは考えないという立場論
⑥ 常識の差異
⑦ 技術革新による新たなリスクの発生に気づかない

(2) リスク分析方法の例
① 帰納的手法：イベントツリー分析等

常態（リスクが顕在化しない状況）を仮定し，その常態から逸脱した場合の状況を次々想定し，当該結果につながるシナリオを抽出する手法である．

特定できるのはハザードであり，リスクは分析の結果として明らかになるという考え方である．危険の要因が明らかで，事故や事件への進展を防ぐ場合に有効な分析手法である．

イベントツリー手法の手順は，次のとおりである（図 6.1 参照）．
・初期事象を特定する．
・防護機能の成功，失敗を検討し，事象の進展を検討する．
・各結節点に対処失敗確率を入れ，被害事象の発生確率を定量的に解析する．
・被害の種類と大きさを整理する．

6.2 好ましくない影響に対するマネジメントのステップ　113

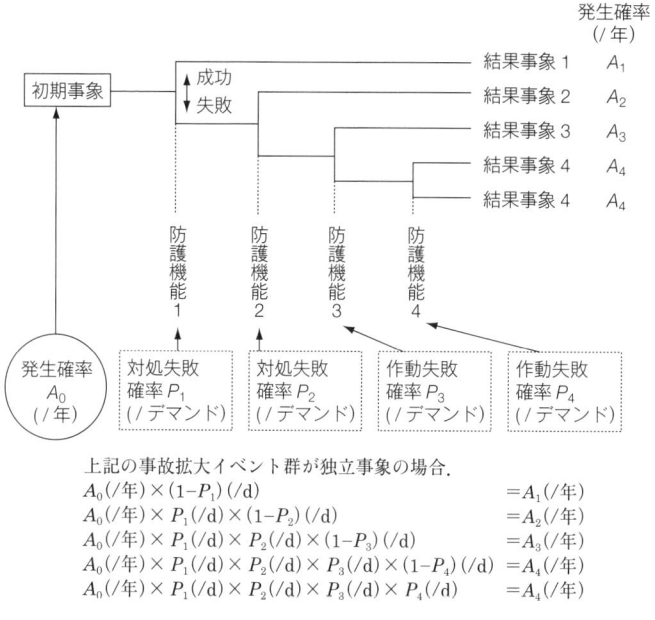

```
                                                          発生確率
                                                          (/年)
                              ┌─ 成功 ──────────── 結果事象1   A₁
          ┌──────┐      │
  初期事象 │  ├──┤ ↓ 失敗
          └──────┘      │       ┌──────── 結果事象2   A₂
                              │       │
                              └───────┤    ┌─── 結果事象3   A₃
                                      └────┤
                                           │ ┌── 結果事象4   A₄
                                           └─┤
                                             └── 結果事象4   A₄

                  防護    防護    防護    防護
                  機能    機能    機能    機能
                   1      2      3      4

  ┌────┐
  │発生確率│   対処失敗   対処失敗   作動失敗   作動失敗
  │ A₀  │   確率 P₁    確率 P₂    確率 P₃    確率 P₄
  │(/年)│   (/デマンド) (/デマンド) (/デマンド) (/デマンド)
  └────┘
```

上記の事故拡大イベント群が独立事象の場合．
$A_0(/年) \times (1-P_1)(/d) = A_1(/年)$
$A_0(/年) \times P_1(/d) \times (1-P_2)(/d) = A_2(/年)$
$A_0(/年) \times P_1(/d) \times P_2(/d) \times (1-P_3)(/d) = A_3(/年)$
$A_0(/年) \times P_1(/d) \times P_2(/d) \times P_3(/d) \times (1-P_4)(/d) = A_4(/年)$
$A_0(/年) \times P_1(/d) \times P_2(/d) \times P_3(/d) \times P_4(/d) = A_4(/年)$

図 6.1 イベントツリー手法の確率の計算方法

② 演繹的手法：フォールトツリー分析等

結果を引き起こす状況を一つずつさかのぼる方法である．

この手法は，まず検討の対象とするリスクを選定することから始まる．その際の考え方には，次のものがある．

・どういう被害を防ぎたいのかという責任者の意思表明として，リスクを特定する．
・どのような状況がいやなのかを明らかにして，要因を演繹的に分析する．

フォールトツリー手法の手順を，次に示す（図 6.2 参照）．

OR 事象計算式　　$P/d = 1-(1-P_1)(1-P_2)(1-P_3)(1-P_4)$
$\quad\quad\quad\quad\quad\quad\quad \fallingdotseq P_1+P_2+P_3+P_4$
$\quad\quad\quad\quad\quad\quad$ ＜ P_1, P_2, P_3, P_4 が小さい場合＞

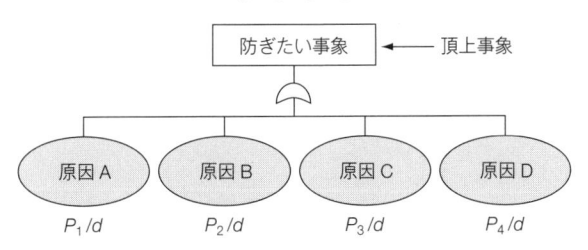

```
              ┌─────────┐
              │ 防ぎたい事象 │ ← 頂上事象
              └─────────┘
                  ∨
   ┌────────┬────────┬────────┬────────┐
 原因A      原因B     原因C     原因D
 $P_1/d$    $P_2/d$   $P_3/d$   $P_4/d$
```

AND 事象計算式　　$P/y = P_1/y \times P_2/d$

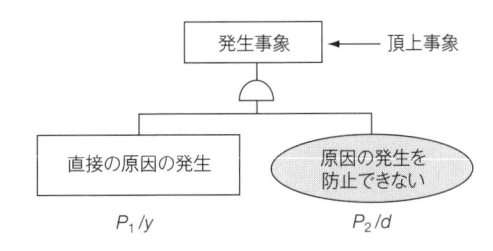

```
              ┌─────────┐
              │  発生事象  │ ← 頂上事象
              └─────────┘
                   ∧
        ┌──────────────┬──────────────┐
     直接の原因の発生           原因の発生を
                              防止できない
        $P_1/y$                  $P_2/d$
```

図 6.2 フォールトツリー手法の計算方法

- 分析する被害事象を特定する．
- その原因を演繹的に分析する．
- 各基本事象に発生確率を設定し，頂上事象の発生確率を算定する．

③ 中間的方法：親和図法等

グループなどで原因になると思われる内容を自由に発想し，その内容の因果関係を整理することで，結果に至る原因を構造的にまとめる手法である．

6.2.3 リスク評価

組織活動には，多種多様なリスクが潜在しているので，リスクマネジメント活動において把握したすべてのリスクに対して対策を打つことはできないし，その必要もない．したがって，経営者はリスク対応も含め合理的な経営活動を実施するために，リスクの重要性を判断する必要がある．一般的にリスクの重要性というものは，図6.3のように被害の大きさと発生確率の大きさによって四つの領域に分けた場合，A, B, C, D の順番とされている．各領域の説明は，表6.1を参照されたい．

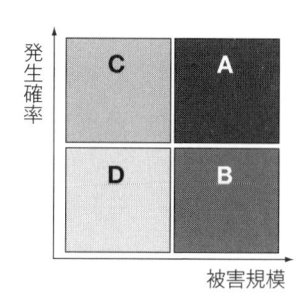

図 6.3 リスクの重要性の四つの領域

図6.3で示された考え方で，すべてのリスクの重要性を判断できれば問題はないが，実際にはそう簡単にはいかないことが多い．その理由は，まずリスクによって，被害の種類が異なることが挙げられる．リスクの被害がすべて金銭被害に換算できるのであれば，ある程度リスクの重要性評価は楽だが，被害を金銭に換算することが難しいものもある［4.2.2項の(5)参照］．

経営に模範解答はない．経営者は，どのリスクが自分の組織経営

表 6.1 リスクの重要性に関する領域の説明

領域	領域内容
A	顕在化した場合の被害も大きく，発生確率も大きいリスク．最優先事項として被害影響の低減対策を実施する領域．
B	発生確率は相対的に小さいが，顕在化した場合の被害が大きい領域．発生確率がある値以下では，保有，移転という対策となるが，組織として対策の優先順位がCよりも高い場合が多い．
C	発生確率は大きいが，被害が小さな領域．日ごろ経験することが多い領域でもある．被害額が一定の値より小さな場合，保有してもよい領域である．
D	組織としてそのリスクを許容してもよい領域．

にとって重要かを自分で決めればよいのである．

評価に際しては，業界等の現状リスクの分布を調査し，その最も高いレベルをリスク基準として採用し，評価する方法もある．

図6.4は，我が国の化学プラントの事故リスクを調査し，整理したものである．化学プラントのリスク基準をどのように定めるべきかは難しい問題であるが，少なくとも現状の事業所の最も優れたレベルを目標とすることは，一つの考え方となる．

6.2.4 リスク対応

(1) リスク対策の種類

効果的なリスク対策について記す前に，リスク対策の種類について整理しておく．大きく分けて4種類のリスク対策が存在する．低減対策，移転（ISO 31000では共有という概念に変化している．）対策，保有対策，回避対策の4種類である（表6.2参照）．

6.2 好ましくない影響に対するマネジメントのステップ　117

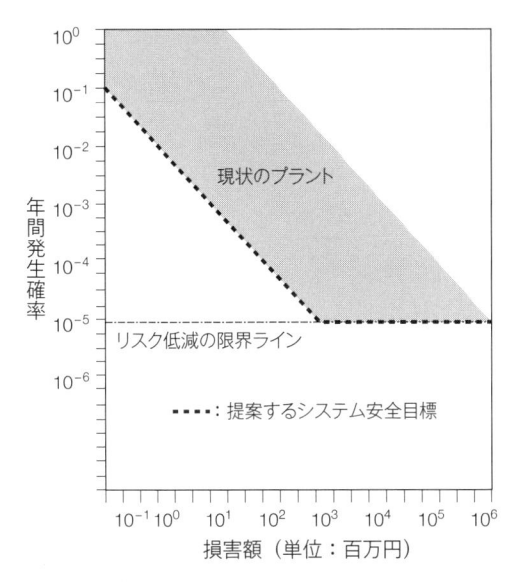

図 6.4 化学プラントの事故リスク状況とリスク基準候補

表 6.2 好ましくない影響をもたらすリスクに対する4種類の対策

分　類	対応内容例
低　減	予防対策： 設備改善（設備投資），運転・保守技術の高度化（社内教育，訓練による知識共有，マニュアル見直し），制度構築等（標準化の徹底，人員配置による運用改善），等
移　転	障害保険等
保　有	リスクの受容，監視（予備資金設立等）
回　避	業務撤退，設備移転等

この4種類の対策と現状リスクとの関係を図6.5に示す.

なお, リスク回避とは, そもそものリスクの原因をなくすことによってリスクを消滅することなので, リスクをこの図の中からなくす行為である.

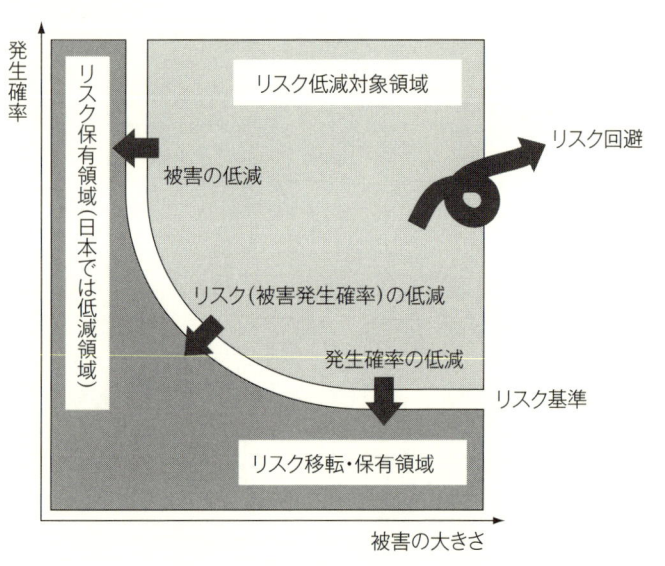

図6.5 現状リスクと対策の関係

次に, この4種類の対策について説明を記す.

(2) 各リスク対策の概要

① 低減対策 (risk reduction)

リスク低減とは, 対象リスク自体の発生確率を下げるか, 顕在化した場合の影響の大きさを小さくする管理手法のことをいう.

リスク低減を行う際は, リスク顕在化の原因として重要な事象を

明確にすることが効率的な低減策につながる．つまり弱点箇所を見いだして，そこを改善することが効率的であるという考え方である．弱点箇所を発見するためには，リスク分析に利用したシナリオ分析手法をもとに解析する方法や，さらなる要因分析を行う方法などがある．

一般的なリスク低減対策の例は，次のとおりである．

・社内教育，訓練による知識共有，手順習得，実践力強化
・マニュアル見直し，作成，整理による標準化の徹底
・人員配置，手順の改良，ルール作成による運用改善
・安全装置，新システム導入・改善等の設備投資

また，リスク低減対策による新たなリスクの発生に注意が必要である．例えば，人間のミスをなくすために，自動化・機械化を行えば，ヒューマンエラーのリスクは低減するが，機械の故障によるリスクが新たに発生する．

さらに，経営者としては，とった対策の効果も把握しなくてはならない．

対策の内容についても，その対策効果を定量的に把握することが重要である．弱点箇所に何らかの方策を講じれば，リスクが許容されるというものではなく，実際に要求されるリスク基準までリスク低減できるかどうかという視点で対策を評価する必要がある．

リスク低減対策の基本として，リスク低減の効果より安価な対策でないと，リスク対策としての価値は小さくなる．例外は，法律，規制に抵触する場合である．この場合は，対策の費用対効果の評価にかかわらず，必ず対策を実施しなければならない．

なお，リスク最適化（risk optimization）という概念が近年示されている．これは，好ましくない影響及びその起こりやすさを最小化し，好ましい影響及びその起こりやすさを最大化する行為である．この概念は，好ましくない結果と好ましい結果の依存性がある場合に，双方のバランスを考えて最適な状態に保つことを意味する．したがって，場合によってはリスク低減を極限まで行わずに，メリットを大きくするようなリスク対応となる場合もある．

② 移転対策（risk transfer），共有対策（risk share）

リスク移転とは，対象リスクにおける被害を外部と分けもつ対策である．最も一般的なリスク移転の手法としては保険というシステムがある．

移転対策を検討する際のチェックポイントは，まず対象とするリスクを間違えないことである．移転すべきリスクとは，顕在化した場合に被害が大きくさらにその発生確率が小さな場合に，採用すべき対策である．

保険を掛ける対象として，よく発生している事象を対象としている場合があるが，発生確率の高いリスクは移転対策の前にまず低減を行うべきである．そうしないと，保険料率が高くなり，対策の費用対効果が悪くなるからである．また，保険を掛ける対象は，現場とよく話し合い，趣旨を説明したうえで決定することが望ましい．他社との横並びという発想は，必ずしも効率的な移転対策とはならない場合が多い．

③ 保有対策（risk retention）

リスク保有とは，対象リスクを許容してそのままの状態で取り扱

う管理手法をいう．ただし，時として保有を決定する場合，許容できるわけではないが合理的な対策が存在せずに，やむなく保有する場合もある．ここで，重要なことは，リスクを保有するという判断を行うことである．そのままにしておくという状況は同じでも，意思をもって保有することと，そうでないのとでは，そのリスクが顕在化した場合の危機管理の対応への移行等において，大きな差異が発生することとなる．

リスクを考えるということは，可能性のあるあらゆることを前提とするため，保有という概念を認めないと，あらゆる可能性すべてに関する対応を考える必要が生じてしまい，リスクマネジメントという概念自体が成立しなくなる．企業などの組織のリソースは有限であり，対応技術にも限界がある．リスク基準に基づき保有してもよいリスクをしっかり見極めることは，リスクマネジメントの重要なポイントである．

ただし，保有したリスクを監視することは，必要である．

④ 回避対策（risk avoidance）

リスク回避とは，対象リスク自体をなくすことである．このリスクをゼロとする対策は，事業自体を中止したり，取扱い物質を変えたりといった根本的な対策を要するものが多い．これは，リスクが想定された場合，リスクの管理方法を変更してもリスクがゼロにならない場合が多く，リスクゼロを達成するためには，リスクの発現要因をすべて取り除くことになり得るからである．

現状リスクを低減する対策が存在せず，現状リスクの保有も許されない場合は，回避という最終手段をとることとなる．

(3) 低減対策の検討

対策の検討手順を次に示す.

① キーとなる原因を探る.
  ・リスク分析を利用して,弱点箇所を抽出する.
  ・被害の拡大要因となる事象の原因分析を行う.
② 原因の改善策を検討する.
  ・改善策の例は,前述(2)の①を参照.
③ 避けなければならない影響を見極める.
  ・リスクシナリオ分析を利用して,許容できない影響を把握する.
④ リスク顕在時の低減策を検討する.
  ・被害の及ぶ量を限定する(リスク低減).
  ・トラブルを初期段階で対処し,波及を抑える(拡大防止).

未然防止と拡大防止は,双方重要であり,リスクはゼロにはならないことに留意が必要である.

⑤ 有効性,十分性の検討を行う.
  ・リスク顕在化時の状況をしっかり想定する.
  ＜リスク顕在化時に既存対策が効果を発揮しない状況例＞
  ・遮断弁があるが,有毒ガス漏洩時に近づけない.
  ・消火装置はあるが起動までに時間がかかる.
⑥ 対策実施の効果を可能な限り見積もる.
  ＜リスク対処時の検討例＞
  ・リスク保有時→リスクの監視,再評価方法
  ・リスク移転時→移転方策の検討,移転量の検討,新たなリス

クの検討
- リスク回避時→回避計画, 回避によるその他の影響の検討

⑦ 対策実施のコストを検討する.

<コスト検討時のポイント>
- 投資額, 必要人員, 必要期間を検討する.
- 可能ならば費用対効果を見積もる(リスク低減量／投資量).

⑧ 対策実施によって新たなリスクが発生し得ることに注意する.

<対策実施による新たなリスク例>
- 新たなコンプライアンスプログラム導入→作業効率低下
- 情報の二重化と分散管理→漏洩機会の増加

(4) 対策の選定

対策選定時の注意事項は, 次のとおりである.

- 対策の費用対効果を把握する.
- 対策の実効性の評価によっては, リスク低減の方針を変更する場合もあることに注意を払う.
- 対策はだれの視点で考えるかによって効果が異なる場合があることに留意する.
- 経費や技術の限界も重要な対策の決定要因と考える.

6.3 組織を守るリスクマネジメントと危機管理

●リスクマネジメントと危機管理で組織を守る.

　組織におけるリスク対応は,安全活動と呼ばれる業務から,危機管理と呼ばれる業務まで,いくつか存在する.

　ここではまず,これまでリスクマネジメントと大規模地震や事故・事件等に遭遇した場合にその必要性が強調されている危機管理という概念との関係を次に説明する.

　一般的に事故や危機がなるべく起きないような活動を行うことが,リスクマネジメントと呼ばれており,事故や危機的な状況が発生した後の活動を危機管理と呼ぶ場合が多い.さらには,危機管理には,事故や事件が発生した後,限られた短時間の間に対応を行わなければならないという制限が存在する.

　しかし,リスクマネジメントには,危機時の体制やマニュアルの整備等の危機に関する対応事項が含まれる場合もあり,また危機管理も危機発生時にその被害や悪影響を最小にとどめることに限定せずに,危機を発生させない活動も含めて危機管理と呼ぶ場合もあり,両者の差異は必ずしも明確にならない場合も存在する.

　それぞれ共通の要素も多いが,"リーダシップ"に関して危機管理は大きな特徴をもつ.一般的にリスクマネジメントは,定常的な組織において定期的に運用される場合が多く,危機管理は,その専門的担当組織は定常的に存在はするが,その危機時対応は突発的であり,前述のように短時間での対応とならざるを得ないことが多

い．ただし，危機管理組織としての日常の業務は多様であり，危機管理組織が非定常的組織であってよいというわけではない．

これまでのリスクマネジメントと危機管理をあわせて，総合リスクマネジメントと呼ばれる場合もある．

総合リスクマネジメントの概要を図 6.6 に示す．

6.4 リスクが危機に変わるとき

●低減対策が実行できなくても，重大なリスクを保有していることを認識していれば，危機管理の準備ができる．

潜在リスクが顕在化した場合に，事故や事件となるわけであるが，すべての場合にその事故や事件が危機となるわけではない．

リスクが顕在化して危機となる場合には，主として次の二つの場合が考えられる．

① 顕在化した場合の影響が大きいリスク

物理的影響の大きなリスクとしては，巨大地震やプラントの大事故等が挙げられる．経済的影響としては，大型投資の失敗や重要取引先の倒産等の場合がある．このシナリオによって危機が発生する場合は，初動対応力が問題となる場合が多い．

② 時々刻々悪化するシナリオを内包するリスク

リスクが顕在化した時点の影響は小さかったが，その対応の過程でリスク対応に失敗する場合が挙げられる．

対応すべきレベルが担当組織の対応能力をいつの間にか超え

126　第6章　好ましくない影響に対するリスクマネジメントの概要

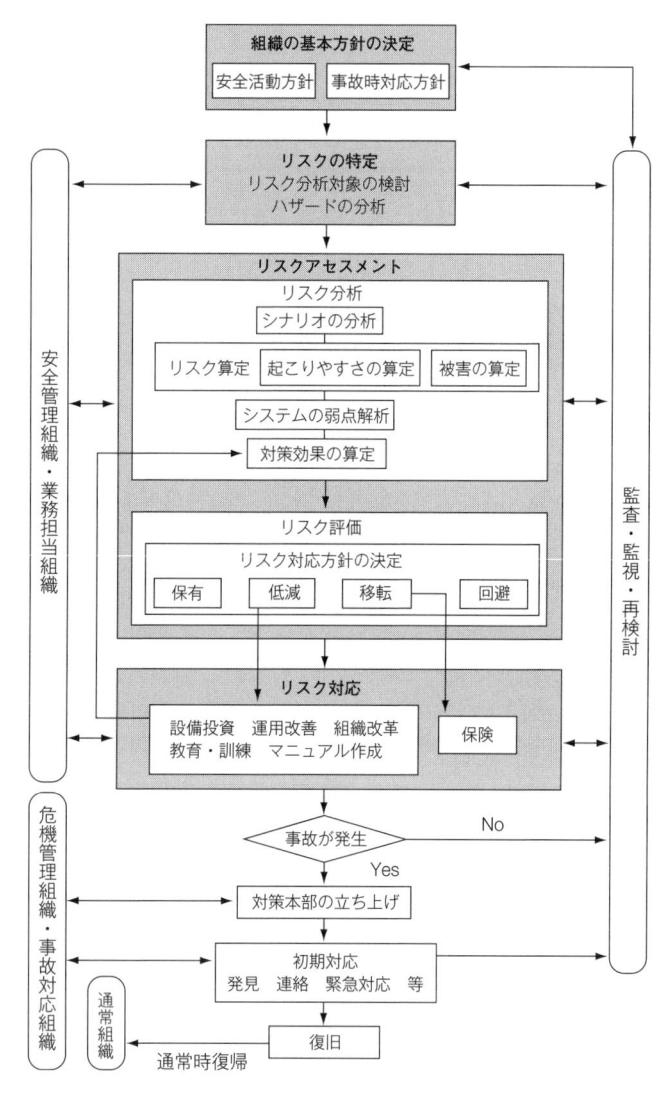

図 6.6 総合リスクマネジメントのフロー

ていることが問題といえる．このシナリオによって危機が発生する場合は，対応体制をいつ危機管理に切り替えるかということが問題となる場合が多い．

緊急時として問題となるのは前者の場合であり，初動対応を中心にその対応の難しさ，重要性が強調されているが，後者の対応に関しても問題が山積している．

後者の危機への進展状況の原因には，次の理由が挙げられる．

① 組織の対応能力の限界を把握していない，若しくは限界を把握することの重要性を認識していないため，状況に応じた対応ができない．

② 担当者が原因者である場合が多く，そのため対応者が自分で対応を完結したいという強い意識が働く．

③ 上司が，対応能力の範囲か否かを部下に判断させるため，部下の立場では"できない"とは発言しにくい．

危機管理では，自分の能力を過信せず，自分の立場を守る視点ではなく，組織や社会への影響を最小にするために必要な判断を行うべきである．そのためには，まず組織の長が，自組織の対応能力の限界を正確に把握することが求められる．

さらには，危機となる事象としては，小さなトラブルでも繰り返し起こすと，その回数の多さから大きく問題視される場合がある．また，社会が心配をしたり不安に思っていたりする事象に関しては，実際の被害が発生しなくても，その事象の発生という事実が危機的状況を導く場合もあるので注意を要する．

危機管理の対象となるリスクは，リスク評価の段階ではその発生

確率は小さいと判断される場合が多い．その場合，リスクを低減するための具体的な対策が見当たらず，検討しても意味がないと判断される場合が多い．しかし，危機管理の対象として認定するためには，そのリスクの存在は認識しておく必要がある．

　経営にとって重要なリスクとは，低減の対象になるリスクとは限らない場合があることに注意されたい．

第7章 組織経営の改革

 製品やシステムの開発には，研究開発が必要であると認識されているが，これまでのマネジメントは個々人が"がんばる"という方法で進化させられてきた場合が多かった．しかし，これからは，進化する社会に対応するための組織マネジメント自体の手法を開発する必要がある．リスクマネジメントはその有力な候補であり，組織マネジメントの骨格となる可能性をもっている．

 また，リスクマネジメントの成果をきちんと活用するためには，リスクマネジメント手法の改善や運用を高度化すればよいわけではなく，経営者や社員がその活動に意義を感じることがなにより重要である．

7.1 経営に必要なリスクマネジメントの視点

●経営者は，短期的な利益獲得ではなく，中長期的かつ全組織最適化の視点から，リスクマネジメントを実行することが重要である．

 今，経営者は経営の合理性について，再整理を行う時期にきている．現状では，経営最適化の前提として必ずしも事故やトラブルを

考慮に入れていない場合が多いからである．

　設備改善や安全に関するコストを減少しても状況が変わらなければ，そのようなコストを減らすほうが経営としては合理的である．そうでなければ，何にどのようなコストをかければ最も経営の最適化が図れるかを，経営者は再検討しなければならない．

　また，個別課題への対応を考える際でも直接的な個別対策だけでは解決できず，人事評価制度や業務の基本計画レベルでの対応を要求されるケースが増えてきている．例えば，安全問題等でもそのようなケースが見受けられる．

　トラブルの発生原因には，作業量とリソースのギャップによって事故が生じる場合がある．このような場合に，発生したトラブルへの対応を安全対策の強化という視点で行い，根本的な業務計画の見直しにまで至らないと，ますます作業量とリソースのギャップが広がり，事故が起きやすい状況が発生する．このような悪いサイクルを断ち切るには，リスクを総合的に洗い出し，最適な対応を検討するしかない．これからの経営は，その継続性を保つために，潜在するリスクを予測し，限られた経営資源を有効に使用するシステムを確立する必要がある．

　リスク把握技術の要点は，過去に起きた失敗への対処で十分とせずに，リスクという"起こり得る可能性"を考えることである．

　リスクを把握するために必要なことは，その把握技術をもつことは当然のこととして，実はゆとりをもつことである．業務にゆとりなくしては，形式的なリスク把握活動となり，本当に必要なレベルでのリスク把握はできない．

ゆとりをもっているということは、例えば他人にやさしくできるような心の余裕があることであり、自分の自由になる時間をもっているだけではゆとりがもてるわけではない。本当のゆとりとは、自分や他人の行動を振り返る気持ちの余裕があることである。

リスクマネジメントを失敗する原因の多くは、一見"不運"に見えても、実はリーダの基本的な考え方の中に潜んでいることが多い。組織のリスクマネジメントレベルは、経営者の価値観の表れであるといっても過言ではない。

組織においてリスクマネジメントを実効あるものにするためには、まず関係者がその重要性を認識する必要がある。特に、経営者の意思を明確な形で社員に示す必要がある。その最もよい方法は、リスクマネジメント担当者の人事であり、担当組織の位置づけ及び予算において、その重要性を示すことである。

7.2 経営のリスクマネジメント，現場のリスクマネジメント

●経営と現場がそれぞれのニーズと実施すべきことを認識して，必要なリスクマネジメントの仕組みを構築することが大切である．

(1) 組織経営と現場安全をつなぐリスクマネジメントの問題点

リスクマネジメントは経営者の判断手法として用いられるが、その枠組みのままで現場がリスクマネジメントを実施することは難しい。全社対応のリスクのままで整理を行った帳票だけでは、現場で

実務として管理を行うことは容易ではない.

リスクマネジメントにおいて重要なことは,具体化と一般化である.具体化をしないと現場は対応ができないし,一般化をしないとリスクへの網羅的対応ができない.

事業部(現場)視点だけでは見つからないリスクとして,次のものがある.

① よい施策群がもたらすリスク

一つひとつはよい施策であっても,同時期に多くの施策が実施されたために,組織に悪影響を及ぼす場合がある.このようなリスクは,経営者が施策のバランスを考えない限り,現場で問題を指摘することは難しい.

② 組織環境の大きな変化がもたらすリスク

世界的経済動向が及ぼすようなリスクや,大きな技術改革がもたらす業界再編のようなリスクは,経営者が検討すべきリスクである.

③ 部門間の連携が必要,若しくは担当が定まっていない領域のリスク

担当が定まっているリスクは,担当者の視点で分析が行われるが,全社で検討すべきリスクに関しては,経営者の指導力が重要である.

④ 物理的な影響と社会的な影響の乖離が大きなリスク

物理的な影響が小さくても,コンプライアンス違反等のように,社会から大きく糾弾されるようなリスクも存在する.このようなリスクに関しては,経営者が社会の価値観の推移を把握

しながら，検討を行うことが重要である．

事業部（現場）視点でしか見つからないリスクには，次のものがある．

① 把握に専門的知見を要するリスク

科学技術等の専門的知識がないとわからないようなリスクは，専門家が責任をもって洗い出す必要がある．

② ヒューマンファクタが大きく関与するリスク

組織には，現場環境や組織風土等によって発生しやすいリスクが存在する．特にヒューマンファクタが原因となるリスクは，その職場の状況をよく把握している現場にしかわからない場合が多い．

③ 現場を観察しないと発見できないリスク

リスクマネジメントは，様々な分析によってリスクを発見していくが，統計的評価とは別に，その時点での職場状況を見ないとリスクの存在や重要性がわからない場合がある．

リスクマネジメントの仕組み（リスクマネジメントシステムとして構築されることが望ましい．）の構築に際して検討すべきことは，組織における判断レベルは，それぞれの階層によって異なるため，各層で必要なリスクマネジメントの仕組みをそれぞれの要求に即して変更するということである．

特に，経営層では，全社の経営判断を行うために，自組織すべてのリスクを相対的に比較できるような仕組みが必要であり，事業現場の安全活動の検討には，具体的な行動が安全に及ぼす影響を検討できる仕組みが必要である．

そして，組織において安全目標の達成を確実に行うためには，この両者を有機的に連携させる仕組みを構築する必要がある．

本来のリスクマネジメントは，経営目標から，全社的なリスク（以下，全社リスクという．）を整理して，その全社リスクの詳細を個別の担当部署で詳細に分析し，また全社で評価し，対応策を実施していくというステップをとる（図7.1参照）．当然のことながら，その中に事業所別のリスクマネジメントを組み込むこともある．

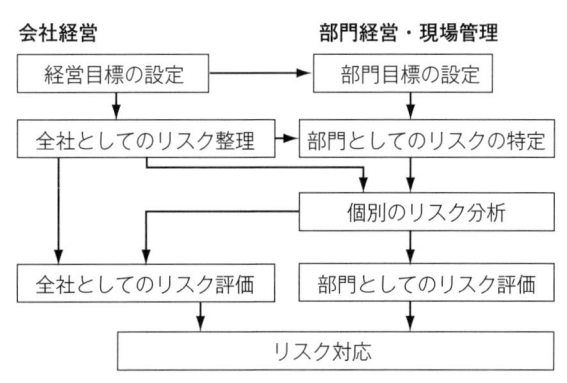

図 7.1 全社視点と現場視点の本来のリスク分析の流れ

この仕組みを用いることによって，個別のリスク分析が，経営最適化へつながるという仕組みを作り上げることができる．

しかし，実際に実施されていることは，図7.2に示したように，まず現場で気づいた視点でリスクの把握を行い，自分たちの権限で可能な範囲で対策を打つことが多い．

把握したリスクが大きい場合は，全社へのリスク報告がなされ，全社的対応の枠組みで検討されることもある．この枠組みでは，リ

7.2 経営のリスクマネジメント，現場のリスクマネジメント

```
会社経営                      部門経営・現場管理
┌──────────────────┐
│ 全社としてのリスク整理 │
└──────────────────┘
          ↑
          ┊           ┌──────────────┐
          ┊           │ 個別のリスク分析 │
          ┊           └──────────────┘
          ↓                   ↓
┌──────────────────┐  ┌──────────────────┐
│ 全社としてのリスク評価 │  │ 部門としてのリスク評価 │
└──────────────────┘  └──────────────────┘
              ↓             ↓
          ┌──────────────────┐
          │    リスク対応     │
          └──────────────────┘
```

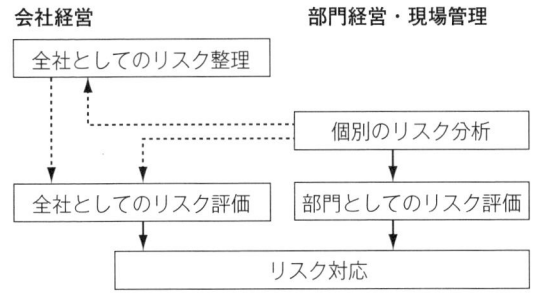

図 7.2 現状で見られるリスク分析の流れ

スク分析の結果，どこまで安全レベルが向上したかということの判断が難しい．

しかし，図 7.1 に示すような全社視点で，事業部のリスク分析へと考えていく際，その判断レベルによってリスクの集約の仕方が変化することに注意を要する．

(2) 経営と現場をつなぐリスクマネジメント

経営と現場という異なった二つのレベルのリスク分析を有機的に連携させるためには，事業現場運営視点のリスクと全社経営視点のリスクを関係づけることが重要である．

(a) 分析対象とする事故・不祥事の管理レベルの違いによるリスク分析の差異の事例

全社経営レベルでリスクマネジメントを行う場合のリスク分類は，売上げ減少，大規模事故の発生，コンプライアンス違反等の経営判断を行うレベルに合わせて行われる．

一方，製造や事務の現場においては，操作ミスや工程設計ミス等

の個別の活動レベルが管理の対象となる．

したがって，全社経営レベルで実施しているリスクマネジメントと現場で実施している管理としてのリスクマネジメントでは，そのレベルや詳細さの要求が大きく異なる（図 7.3 参照）．

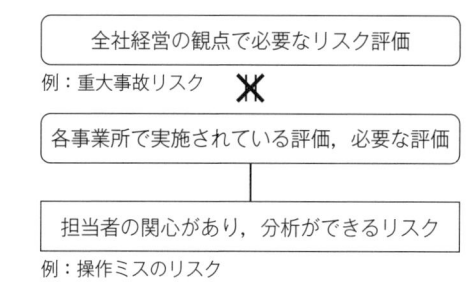

```
┌────────────────────────────────────┐
│   全社経営の観点で必要なリスク評価      │
└────────────────────────────────────┘
例：重大事故リスク  ✗
┌────────────────────────────────────┐
│  各事業所で実施されている評価，必要な評価 │
└────────────────────────────────────┘
          │
┌────────────────────────────────────┐
│  担当者の関心があり，分析ができるリスク  │
└────────────────────────────────────┘
例：操作ミスのリスク
```

図 7.3 全社視点と現場視点のリスク視点の差異

組織において，経営レベルから現場レベルまで一体となったリスクマネジメントを実施するためには，経営判断に用いるリスクマネジメントの分析と，現場の管理活動の内容を結びつけることが重要である（図 7.5，139 ページ参照）．

(b) 医療分野を例にリスク分析レベルを考える

医療分野では，医師，看護師等の関係者がともに医療の高度化，安全性の向上に対して努力を続けている．しかし，医療事故は後を絶たない．このことは，医療安全の難しさを表しているとともに，現在その高度化に向けて努力がなされるリスクマネジメントの課題も示している．

次にその課題を現す一例を示すが，この事例は特定の医療機関の行動を問題視しているのではなく，あくまでも医療リスクマネジメ

ントの課題の一般例として示すものであることに留意されたい．

① 検討対象事例 "入浴中の高齢患者が死亡"

ある病院で，足の手術のために入院していた高齢者が入浴中に死亡した事例を取りあげ，実施すべきリスクマネジメントの視点について考察する．

考えるケースは，入院患者が，約55℃の湯が20〜30 cmほど溜まった浴槽内で下半身を浸したまま心肺停止状態で発見され，発見の翌日に死亡した事例である．

病院側は，事前の安全対応として患者の生活レベルをチェックしたうえで，着替えや入浴を一人でできると判断していた．入浴時も看護師が浴室まで付き添ったが，その後は浴室から離れていた間の事故であった．患者が浴室を使ったのは入院後，初めてだったという．

なお，この病院では，院内の医療安全管理委員会で安全管理を見直し，現在は入浴中の患者に声かけを行っている．

② 対象別のリスク分析事例

一般的な医療リスクマネジメントにおいて，経営判断として必要となるのは，図7.4に示すフローのうち，▒▒▒で囲んだリスクレベルでの評価である．しかし，事例で示したような事故内容を防ぐためには，さらにフロー下部に示したレベルまで分析を行うことが必要となる．

③ 水平展開事例

"失敗事例に学ぶ"という視点での水平展開では，次のような事項が検討されてくる．

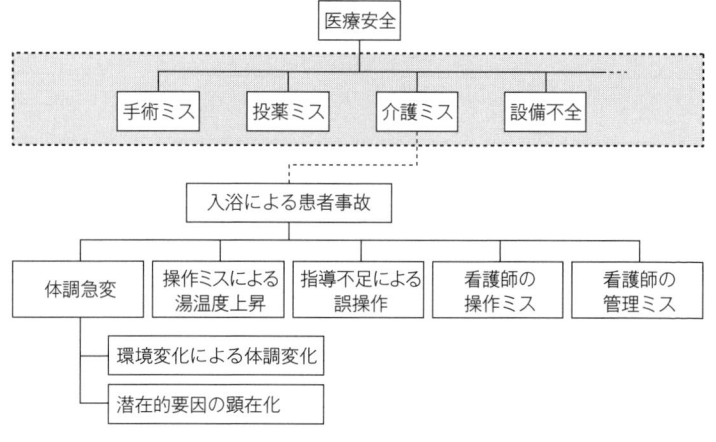

```
                    ┌──────────┐
                    │  医療安全  │
                    └────┬─────┘
   ┌─────────┬──────────┼──────────┬─────────┐
┌──┴───┐ ┌──┴───┐ ┌──┴───┐ ┌──┴────┐
│手術ミス│ │投薬ミス│ │介護ミス│ │設備不全│
└──────┘ └──────┘ └──┬───┘ └───────┘
                          │
                 ┌────────┴────────┐
                 │ 入浴による患者事故 │
                 └────────┬────────┘
```

図 7.4 医療事故に関するリスク分析レベル

- 事実の共有
- 入浴介助を実施する直前における介助者自身の素手や上腕内部での湯の温度確認
- 施設内の入浴に関する設備の安全確認，改善
- 施設内の基準，マニュアル等の作成，見直し

しかし，入院患者の事故を防ぐということをリスクマネジメントの視点で考えると，施設の影響，浴槽での他の事故，他の場所での事故への展開という観点から，次のようなレベルまで検討を行うことが必要となる．

- 複数階にわたって浴槽が存在する病院での温度検査
- 浴室で転ぶ，溺れる等，他の事象に対する検討開始
- 浴槽以外の設備の安全確認
- 他の介護活動に対しても安全確認，声かけの徹底

7.2 経営のリスクマネジメント,現場のリスクマネジメント　139

・介護で十分な確認行為ができないケースの検討

以上のようにリスクマネジメントの分析レベルは,防ごうとする事象によって異なってくることに注意が必要である.

(3) 経営と現場をつなぐ仕組み

経営と現場をつなぐ仕組みを図7.5に示す.

経営における適切なリスクマネジメントを行うためには,経営目標を達成するために必要な全社経営視点のリスクを定める必要がある.さらには,この全社経営視点のリスクと現場運営視点のリスクの関係を整理したリスク連関マップを,組織ごとに作成する必要がある.

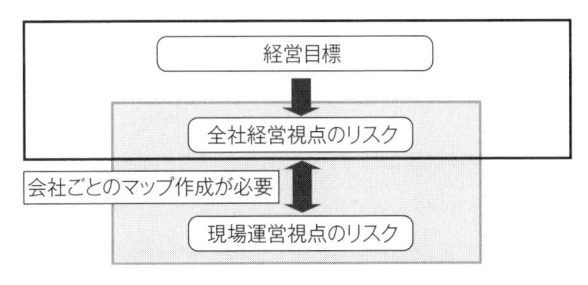

図7.5 全社経営視点のリスクと現場運営視点のリスクの関係

さらに,組織が目標を確実に達成するため,図7.6に示すように"経営目標を達成するためには,どのような状況を達成すればよいか"という視点で,目標達成の構成要素として個別の目標を整理し,その阻害要因をリスクと位置づけて分析を行うことが必要となる.

また,社内外の環境変化によって,阻害要因自体も変化するためリスク顕在化のメカニズムを検討する際には,内外の環境変化から

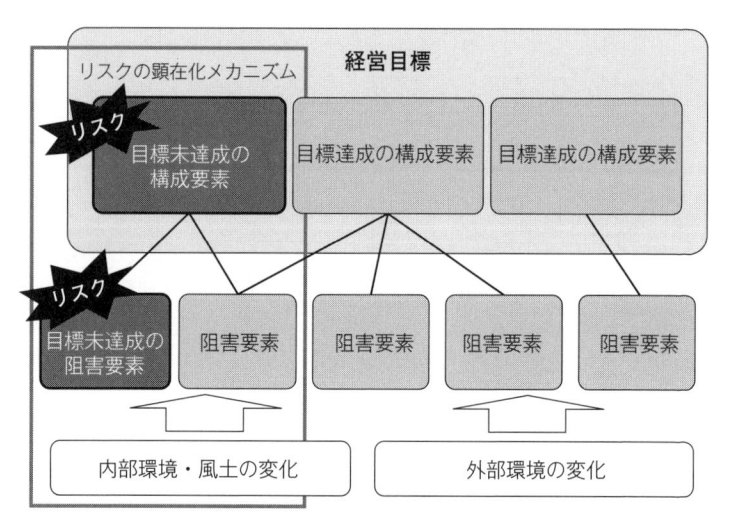

図 7.6 経営目標を達成するために必要なリスク顕在化シナリオの把握

リスク顕在化までのシナリオを検討することが望ましい．

(4) リスクマネジメントの仕組みの継続的改善

リスクマネジメントを有効なマネジメントの仕組みとして維持するためには，リスクマネジメントの枠組み・方針・計画がどのように改善できるのかについて継続的に検討を行う必要がある．

継続的改善では，指標に照らしてリスクマネジメントの成果を測定し，それを適切性の観点から定期的に見直すことが重要である．そのためには，リスクマネジメント計画と実際の状況を比較して，進捗状況及び計画からの乖離を定期的に測定することが必要となる．そして，自分の組織で運用されているリスクマネジメントの仕組みや方針等が，そのときの内外の環境条件下で有効か否かを定期

的に検証する必要がある．また，リスクマネジメント計画の進捗状況やリスクマネジメント方針の順守状況を検証することも重要である．

モニタリングとレビューに関しては，経営者が責任をもって実施し，リスクマネジメント活動の有効性を検証し，改善することが重要である．

継続的改善のための検討の視点を，次に示す．

(a) 状況特定に関する事項

① リスクに影響を与えている外部環境の変化を把握しているか？

② リスクマネジメントの前提となる内部の状況を把握しているか？

③ ある特定のプロジェクト，プロセス，又は活動に関するもろもろの目標及び基準は，組織の目標全体に照らして考慮されているか？

(b) リスクの特定

① 経営目標とリスクの関係は明確か．つまり，経営目標を達成する阻害要因としてのリスクという視点があるか？

② 組織の諸目標の達成を実現，促進，妨害，低下，加速，又は遅延するかもしれないもろもろの事象に基づいて，諸リスクを包括的に把握しているか？

③ リスク源，影響を受ける領域，事象（周辺環境の変化を含む.），及びそれらの原因と起こり得る結果を洗い出しているか？

(c) リスク分析

① 対象となるリスクを分析するために適切な手法を用いているか？

② その分析の目的，リスク分析において利用できる情報・データを十分に活用しているか？

③ 新たなリスクの発見はあるか？

④ 分析者の技術は十分か？

(d) リスク評価

① 評価に際してのリスク基準は明確か？

② リスク基準にステークホルダの考え方を反映しているか？

③ 法律，規制，並びに社会的責任や自然環境保護などのその他の要求事項を尊重しつつ，得られる便益と実施費用・労力との均衡をとっているか？

④ 経済的な根拠に立つと対応が困難なリスクでも，社会的要求等を考えたうえで適切な評価を実施しているか？

(e) リスク対応

① 対策の実施に関して確認をしているか？

② 対策の効果を評価しているか？

③ リスク対応それ自体がもろもろのリスクを派生させることに注意しているか？

④ 保有しているリスクのうち，好ましくない影響の大きなリスクに関しては，危機管理の対象として認識されているか？

(f) コミュニケーションに関する事項

① ステークホルダの考え方や価値観を把握しているか？

② ステークホルダの意見をリスクマネジメントの各ステップに反映しているか？

7.3 マネジメントシステムのつなぎ役としてのリスクマネジメント

(1) 組織の諸プロセスへの整合に向けて

組織には，リスクマネジメント以外にも，質マネジメント，環境マネジメント，BCP（事業継続計画）等の複数の側面にかかるマネジメントシステムが存在する．リスクマネジメントは，これら複数のマネジメントシステムを結ぶ基盤となる骨格を含んでいる．本節では，リスクマネジメントの考え方によって，複数のマネジメントシステムの整合を図る仕組みを記述する．

リスクマネジメントの手法や考え方は，効果的，効率的に，組織のあらゆる業務及びプロセスに適切に組み込まれることが望ましい．

リスクマネジメントプロセスは，組織の様々なマネジメントプロセスから切り離されたものではなく，その一部となることが必要である．なかでも，方針の策定，事業上及び戦略上の重要な事業計画策定や変更管理のプロセスにリスクマネジメントを組み込むことが重要である．

(2) 組織マネジメントをつなぐリスクマネジメントの手法

組織のあらゆるマネジメントは，その管理対象において常に何が

しかの不確かさをもっている．したがって，組織のマネジメントには，常にリスクマネジメントの視点による運営を行うことが必要となる．その意味において，リスクマネジメントは，基本的に他のマネジメントと融合するべきものである．換言すれば，多くのマネジメントでは，不確かなものを扱うという点で，リスクマネジメントという共通の概念で結ばれているともいえる．

特に組織の目標を達成する阻害要因をリスクと認定して管理していく考え方は，会社法で規定している内部統制の考え方と全く同じである．また，環境や質のマネジメントも，その課題を認識して対策を検討する過程は，リスクマネジメントの手法と同じである．

リスクマネジメント自体は，質マネジメントや環境マネジメントと異なり，何を管理の対象とするかという特定の目的はもっていない．目的は，組織が自由に設定できる．具体的な分析対象は組織ごとに異なり，達成すべき組織目標から定められると考える．この点が，他のマネジメントシステムとの違いといってよい．

また，災害時の事業継続も，情報セキュリティや環境，質同様，組織が管理すべき重要なマネジメント項目であることは間違いない．

したがって，様々なマネジメントも大きな意味では，すべてリスクマネジメントともいえる．この考え方は，図7.7の(a)に示しているように，リスクマネジメントとしてすべてのマネジメントを整理することも可能であるし，組織のマネジメントから，リスクマネジメントというマネジメントシステムを構築せず，他のマネジメントの中の不確かさの管理手法として共有していくという考え方もあ

る．さらには，図7.7の(b)，(c)にあるように，既存のマネジメントシステムをリスクマネジメントシステムで補完するという関係をとることも可能である．

重要なことは，同じ内容の分析を重複して行わずに済むように，マネジメントシステムを設計することである．

(a) リスクマネジメントによる統合化(アンブレラ)
(b) リスクマネジメントによる補完①
(c) リスクマネジメントによる補完②

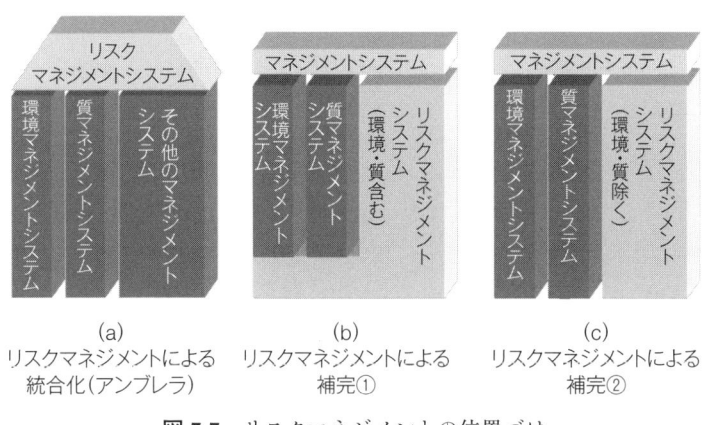

図 7.7 リスクマネジメントの位置づけ

(3) リスクマネジメントに必要な資源の配分

合理的経営を行うためには，リスクマネジメントに必要な資源を配分することも重要なことである．

経営者は，次の資源を他のマネジメントとの関係も考慮して，各部署に必要な配分を行う必要がある．

① 人員，技能，経験，力量，資金，時間
② リスクマネジメントプロセスの各ステップの実施に必要な資源

③ 文書化されたもろもろのプロセス及び手順
④ 情報及び知識のマネジメントシステム
⑤ 教育訓練プログラム実施に必要な資源

リスクマネジメントに必要な資源を投入する視点をもてば，そのことは他のマネジメントにも適用されるはずである．

どのマネジメントに優先的資源を配分すべきか？　それもまた，リスクマネジメントの役割である．

おわりに

本書で，リスクマネジメントやリスクマネジメントシステム導入についての要点を述べてきた．これまでの説明を要約すると，次のとおりとなる．

① リスクマネジメントとは，可能性の段階で影響をいかにコントロールするかというマネジメント手法であり，起きたトラブルへの対処技術ではない．

② どの程度のリスクマネジメントレベルが重要かは，組織の状況によっても，経営者の価値観によっても異なる．そのため，リスクマネジメントへの取組み姿勢は経営の重要指標であり，社内外に公表されるべきものである．

③ リスクマネジメントは，タスクフォースのように短期で実施すべきものではなく，マネジメントシステムとして導入されるべきものである．

ガイド 73:2009 と ISO 31000 が提示しているリスクマネジメントの概念は，安全等のある分野の方には，理解しにくい一面があるかもしれない．特に，リスクの影響として好ましい影響もあるという概念は，受け入れがたいという方も多かろう．

しかし，リスクマネジメントを実際の組織の意思決定において活用しようとする場合，好ましい影響と好ましくない影響との双方を考慮して判断を行うという概念は，非常に重要である．このことは，決して安全等の好ましくない影響管理に対する軽視ではない．

むしろ，利益等の観点から方針を決定し，安全等のチェックが二

次的判断条件とすることを防ぎ，意思決定の段階から好ましくない影響の管理を確実に検討することを求めているものである．

さらに，リスクの最適化という概念は，大きな利益をもたらす可能性がある場合，好ましくない影響の可能性を軽視するという危険性があると懸念されるかもしれないが，ISO 31000 は法規及び社会的要求が経済的判断に先立って実施すべきことを明示している．

ISO 31000 に示されているリスクマネジメントの世界は，既に実施されているものばかりではなく，様々な観点からそのあるべき論が議論された結果として作成されたものである．その意味では，組織に導入した場合，すぐにこの規格が求める状況を実現するのは難しいかもしれない．しかし，この規格の考え方と現状を比較して，その問題点を把握することは，どの組織においても可能である．把握した課題を，一つひとつ克服していく，この活動こそが継続的改善と呼ばれ，PDCA と称されるものである．

自組織のマネジメントを ISO 31000 が推奨する組織マネジメントにいかに早く近づけることができるか．その意欲と実行力が，組織の将来を左右するであろう．

最後に，リスクマネジメントの心得を記しておく．

それは"敵を知り己を知らば百戦危うからず"である．敵を知るとは，組織に潜在するリスクを知ることであり，組織が到達する目的を確認することである．己を知るとは，自分や自組織の弱点を認めることであり，スタートの位置を知ることである．

スタートとゴールの双方を知って初めて進むべき道がわかってくるはずである．

引用・参考文献

1) 三菱総合研究所政策工学研究部編(2000)：リスクマネジメントガイド，日本規格協会
2) リスクマネジメントシステム調査研究会編(2003)：リスクマネジメントシステム構築ガイド，日本規格協会
3) 野口和彦(2009)：リスクマネジメントと意思決定，標準化と品質管理，Vol.62, No.1, pp.12–17, 日本規格協会
4) 野口和彦(2008)：企業経営におけるリスクマネジメント，粉体と工業，Vol.40, No.11, pp.33–43, 粉体と工業社
5) 野口和彦(1999)：リスクマネジメントの標準化に向けての動向と課題，日本リスク研究学会講演論文集第12巻，日本リスク研究学会(非売品)
6) 野口和彦(1998)：リスクマネジメント手法を用いた安全の推進とその課題について，日本信頼性学会誌・信頼性，Vol.20, No.2, pp.122–128, 日本信頼性学会
7) 野口和彦(2009)：産業安全分野におけるリスクマネジメントの体系化，横浜国立大学(非売品)

索　　引

【アルファベット】

AS/NZS 4360　40
BCM　31
CAN/CSA-Q 850　41
ISO 31000　6, 15, 42, 91, 103
ISO/PAS 22399　31
JIS Q 2001　41
JIS Z 8051　41
PD 6668　41

【あ行】

アウトプット　66
アカウンタビリティ　51
移転　117, 120
イベントツリー手法　112
インプット　65
影響　22
起こりやすさ　72

【か行】

ガイド 51　41
ガイド 73　17, 42
ガイドワード　68
回避　117, 121
外部環境　47
危機　30
　——管理　31, 124

機能規定　37
業務プロセス　65
共有　120
金銭価値への一元化　75
経済的リスク　36
継続的改善　29, 140, 148
結果　19, 23
工学的リスク　36
好ましい／好ましくない　21
コミュニケーション　52

【さ行】

残留リスク　88
時間確率　73
事象　30
社会的リスク　36
シュアティ　69
総合リスクマネジメント　125
損害額　83

【た行】

低減　117, 118
ディマンド確率　73

【な行】

内部環境　47

【は行】

ハザード　30, 39, 110
発生確率　73
頻度　72
フォールトツリー手法　113
不確かさ　23
ペリル　30
防護レベル　83
保有　117, 120

【ま行】

マネジメント　6
目的　22

【ら行】

ランク評価　74
リスク　16, 18, 22, 36, 46, 71
リスクアセスメント　57
リスク管理　30
リスク基準　29, 79
リスク源　30
リスク最適化　120
リスク対応　84, 109, 116, 142
リスク対策の種類　116
リスクの期待値　83
リスクの重要性　115
リスクの特性　54
リスクの特定　40, 58, 109, 110, 141
リスクの把握　59
リスクの表現　71
リスク評価　76, 100, 109, 115, 142
リスク分析　70, 109, 111, 142
　——方法　112
リスク分類　60
リスクマップ　53
リスクマネジメント　44
　——規定　95
　——システム　94
　——の本質　28
　——プログラム　101
　——プロセス　45
　——方針　50, 98
　——目標　49, 100

JSQC選書 8

リスクマネジメント
目標達成を支援するマネジメント技術

定価:本体 1,500 円(税別)

2009 年 10 月 30 日	第 1 版第 1 刷発行
2019 年 4 月 19 日	第 4 刷発行

監 修 者 社団法人 日本品質管理学会
著　　者 野口　和彦
発 行 者 揖斐　敏夫
発 行 所 一般財団法人 日本規格協会
　　　　 〒108-0073　東京都港区三田 3 丁目 13-12 三田 MT ビル
　　　　 https://www.jsa.or.jp/
　　　　 振替　00160-2-195146

製　　作 日本規格協会ソリューションズ株式会社
印 刷 所 日本ハイコム株式会社
製作協力 有限会社カイ編集舎

© Kazuhiko Noguchi, 2009　　　　　　　　Printed in Japan
ISBN978-4-542-50461-5

● 当会発行図書，海外規格のお求めは，下記をご利用ください．
JSA Webdesk(オンライン注文)：https://webdesk.jsa.or.jp/
通信販売：電話 (03)4231-8550　FAX (03)4231-8665
書店販売：電話 (03)4231-8553　FAX (03)4231-8667